Comment Réussir Vos Négociations

&

Développer Vos business
Avec Les Chinois

Copyright ©2021 Moïse Noubissi
Tous droits réservés

PRÉFACE

Négociateur professionnel, j'ai eu la chance de découvrir ce métier passionnant et de vivre pleinement de cette passion. Lorsqu'au gré de certaines rencontres j'ai pu étudier cette discipline. Quatre années passées dans un laboratoire de recherche à la Sorbonne et des dizaines de rencontres avec des négociateurs venant d'horizons différents m'ont permis de me construire et d'avoir un nouveau regard sur la négociation. Car cette discipline est un faux ami. Si elle peut sembler évidente, elle ne l'est pas. Si elle peut sembler intuitive, elle ne l'est pas non plus. Même si nous négocions tous et tout le temps, c'est une matière vivante, qui s'apprend pour celui qui veut devenir meilleur négociateur, c'est à dire gagner en performance et sérénité.

Lorsque nous sommes engagés au sein de l'Institut NERA sur des négociations qui sont plus ou moins sensibles, nous nous efforçons de préparer notre intervention sur un référentiel en 4 dimensions que nous avons construit: Pensée, Problème, Personnes, et Processus.

- o <u>La pensée</u> est l'état d'esprit dans lequel nous rentrons dans le processus de négociation. L'expérience nous montre que nous sommes 100% responsables de 50% de notre perception du problème en négociation. Rentrer avec une croyance limitante impactera négativement notre négociation, alors que l'entrain favorisera notre capacité à créer du lien ou à être innovant. Nous sommes responsables d'être la meilleure version de nous même quand nous commençons à négocier.

- o <u>Le problème</u> est la source du désaccord. Ce que nous souhaitons solutionner pour in fine obtenir plus de quelque chose ou éviter de perdre autre chose. Ce qui est demandé n'est pas forcément ce que notre interlocuteur souhaite. Bien au contraire. Mon travail consiste à satisfaire les besoins de mon alter-ego sans forcément lui donner ce qu'il nous demande.

- o <u>Les personnes</u> sont les acteurs qui impactent le système de la négociation et qui vont le rendre complexe par essence. Au-delà de qui est l'autre, il faut comprendre son système de valeur, sa représentation du monde qui l'entoure, ses enjeux personnels ou professionnels, etc, pour l'amener à prendre lui-même une décision qui aille dans notre sens. Et c'est une grosse partie de la difficulté en négociation. Passer d'une volonté de convaincre à une volonté de comprendre. Il est déjà assez difficile de comprendre son voisin ou ses collègues de travail, alors comment fait-on quand son interlocuteur est à l'autre bout de la planète ; quand il y a des différences culturelles, de langues, ou de mode de vie ?

- o Le processus est l'ensemble des différentes étapes que nous allons parcourir avec notre interlocuteur pour obtenir un accord. Si certains processus sont explicites, d'autres ne le sont pas. Ce n'est pas qu'ils sont inexistants, mais admis de tous, ils sont tapis dans l'obscurité et prêt à bondir au visage pour casser l'accord pour celui qui ne les respecterait pas.

Négocier en Chine est un challenge fantastique pour les Occidentaux que nous sommes. Cette civilisation est d'une richesse incroyable et une importante partie de la croissance mondiale est tirée aujourd'hui par la Chine. C'est un levier de développement économique non négligeable pour toute entreprise européenne. Néanmoins ne pas se préparer pleinement à cette rencontre avec l'autre rend tout succès illusoire. L'ouvrage de Moïse Noubissi propose une grille de lecture pragmatique et opérationnelle pour qui souhaite négocier en Chine. Il est aussi intéressant à lire pour sa culture personnelle que pour son application professionnelle. Il permet de mieux comprendre, mieux se préparer et mieux appréhender les deux dimensions qui sont Personnes et Processus. Deux dimensions si spécifiques mais si cruciales pour qui veut négocier avec succès en Chine. Il donne des clefs de compréhension d'un jeu qui n'a aucune règle: la négociation. Bonne lecture...

Julien PELABERE, PhD

Négociateur Professionnel, Fondateur de l'Institut NERA

Site internet: www.institut-nera.com

L'institut NERA est l'Institut de Négociation et de Recherche Appliquée. Nous accompagnons, formons et assistons des entreprises, organisations gouvernementales et individus lorsque leurs négociations deviennent sensibles et complexes. Nous les aidons à négocier avec efficacité, sérénité et simplicité.

SOMMAIRE

<u>Attention</u> ! Ne vous méprenez pas sur l'apparente simplicité des intitulés des parties et chapitres de ce livre. Comme vous le savez, la couverture ne fait pas le livre. Faites-vous plaisir, lisez et découvrez tout ce que vous devez connaitre pour négocier plus efficacement, en particulier avec les chinois.

PRÉFACE 2
GLOSSAIRE 5
INTRODUCTION 6
Première partie. LA CHINE, SON MARCHÉ ET SES NÉGOCIATEURS 10
   Chapitre 1. Pourquoi la Chine ? 11
   Chapitre 2. L'utilité de la représentation locale 20
Deuxième partie. RÉUSSIR VOS NÉGOCIATIONS EN CHINE 40
   Chapitre 3. Le style de négociation chinois 41
   Chapitre 4. Les indispensables de la négociation 59
   Chapitre 5. Des protocoles culturels utiles 71
Troisième partie. L'ACCÈS AUX MARCHÉS CHINOIS 88
   Chapitre 6. Des modes et des stratégies d'accès 89
   Chapitre 7. La négociation des prix 101
Quatrième partie. DES INTERDITS ET DES ASTUCES 114
   Chapitre 8. Des erreurs et des conséquences 115
   Chapitre 9. Check-list et Petits conseils 125
CONCLUSION 129
Bibliographie 132
Remerciements 134

Copyright ©2021 Moïse Noubissi
Tous droits réservés

GLOSSAIRE

BATX	Baidu, Alibaba, Tencent et Xiaomi
BRIC	Brésil, Russie, Inde et Chine
CNUCED	Conférence des Nations unies pour le commerce et le développement
DPI	Droits de propriété intellectuelle
GAFA	Google - Apple - Facebook - Amazon
JV	Joint-Venture
MESORE (BATNA)	Meilleure alternative à un accord négocié (Best Alternative to a Negotiated Agreement)
OMC	Organisation mondiale du commerce
PME	Petites et moyennes entreprises
PIB	Produit Intérieur Brut
QCD	Qualité, Coût et Délai
SOURCING	Prospection commerciale / recherche de fournisseurs et partenariats…

INTRODUCTION

Pourquoi devriez-vous lire ce livre ?

Si vous avez décidé de lire les premières lignes de ce livre, c'est probablement parce que vous avez l'un de ces objectifs en tête : mieux comprendre la négociation, découvrir des techniques nouvelles et originales pour améliorer vos compétences de négociateur, apprendre à décoder les particularités du style de négociation chinois. Il n'est pas exclu que votre objectif soit aussi de trouver le meilleur moyen de développer avec succès vos business en Chine. Le mot business est utilisé dans ce livre pour désigner toutes sortes d'affaires.

La plupart de ces objectifs ont longtemps été les miens et le sont encore aujourd'hui. A différents moments de ma vie personnelle et professionnelle, j'ai été amené à réfléchir aux problématiques qui en découlent et c'est en cherchant des réponses que j'ai rassemblé la plupart des informations contenues dans ce livre. Si, comme moi, vous êtes curieux et désireux de vous enrichir, si vous êtes à la recherche des meilleures techniques de négociation, si vous êtes intéressé par le business à l'international et notamment avec la Chine, alors, sachez que vous tenez en ce moment même entre vos mains, une aide précieuse. <u>Il ne s'agit pas d'un livre réservé aux négociateurs professionnels ou aux hommes d'affaires aguerris</u>. Ce livre est conçu et écrit de manière à rendre accessible et compréhensible un ensemble de concepts souvent présentés de manière trop complexes. Qui que vous soyez et quels que soient votre profil, votre profession, votre niveau en négociation ou votre expérience du business, vous n'aurez aucune difficulté à le lire, à le comprendre et à appliquer les principes qui y sont traités.

Que trouverez-vous dans ce livre ?

La culture et les pratiques commerciales chinoises diffèrent considérablement de ce que nous connaissons en Occident, en Afrique ou ailleurs. Le mot Occident sera volontairement utilisé dans ce livre par opposition géographique à la Chine, pour désigner tous les pays non asiatiques et intégrant principalement l'Afrique, l'Europe et les Etats Unis d'Amérique. Cette précision faite, revenons à la négociation et au business pour rappeler que la compréhension des protocoles commerciaux applicables en Chine est cruciale pour votre entrée et votre réussite sur ce marché devenu incontournable au reste du monde.

Les pratiques de négociation en Chine sont fortement imprégnées de la culture ancestrale de l'empire du milieu. Cette culture qui est si éloignée et si différente des nôtres. Cette distance culturelle ainsi que les différences de pratiques qu'elle implique en matière de négociation représentent un enjeu majeur pour quiconque souhaite faire du business en Chine. De nos jours, quand il s'agit de business, que vous interveniez en qualité d'ambassadeur pour le compte d'un Etat ou d'une organisation régionale, de représentant commercial pour une multinationale, une grande entreprise ou une **PME**, ou simplement en tant que particulier ou touriste, le rapport de force n'est malheureusement pas en votre faveur. En attendant que la tendance s'inverse, nous n'avons d'autre choix que d'éviter le rapport de force et de recourir à cet outil efficace de *soft power* qu'est la négociation. Elle est à l'évidence un des rares leviers permettant de performer dans son business et de traiter avec succès et sans heurts avec les Chinois.

Si vous avez l'intention de faire du business en Chine ou que vous en faites déjà, vous avez tout intérêt à vous préoccuper de l'étude et de la compréhension de la culture locale. C'est un préalable qui contribue largement à la création des conditions de votre succès en Chine. Votre degré de compréhension, d'intégration et d'utilisation des éléments de cette culture déterminera dans de nombreux cas de négociation, le niveau d'acception et de concession que vous accorderont vos interlocuteurs chinois. Ainsi, prendre ce premier conseil comme point de départ pour votre aventure business en Chine doit être considéré comme un actif productif.

Vous apprendrez dans ce livre des bonnes pratiques, des conseils efficaces et différentes techniques à utiliser pendant les négociations mais aussi tout au long du cycle de vie de vos business avec les fournisseurs chinois. Vous y apprendrez les secrets d'une représentation locale réussie, la force des négociations gagnant-gagnant et des exemples concrets et réels pour illustrer et alerter.

L'explosion du e-commerce et du business en ligne, facilitées par les **GAFA** et entretenus par nos modes de vie modernes, donnent à tous, personnes physiques ou morales, la possibilité d'acheter facilement des produits chinois ou de faire du business avec la Chine. Cette tendance a connu un coup d'accélérateur avec les récentes restrictions de voyages internationaux en réaction à la pandémie de la Covid-19.

En ce qui me concerne, le business et les négociations avec les Chinois constituent depuis plusieurs années une part importante de mon activité professionnelle. Mes expériences professionnelles mais aussi personnelles m'ont alors permis de connaître et de pratiquer les trois principales façons de faire business avec la Chine. Il s'agit :

- Des achats en ligne via des plates-formes de géants chinois du e-commerce,
- Des achats sur le marché après de longues négociations, lors de déplacements en Chine,
- Des classiques relations *B to B*, bien connu et pratiqué par les entreprises occidentales.

Tout ce que vous découvrirez dans ce livre provient de trois sources principales. La première est constituée d'expériences rapportées par des personnes dont le business en Chine connait de grands succès. La seconde est constituée de la littérature business et négociation. La troisième, enfin, résulte de ma propre expérience. J'y suis allé, j'ai pratiqué et je peux en témoigner. Voici résumé en cinq points, quelques aspects importants du mode chinois de négociation dont vous découvrirez plus loin dans ce livre, les secrets.

- Les qualités appréciées et attendues des clients étrangers par les fournisseurs chinois sont les suivantes:
  - Savoir faire preuve d'empathie pour ne jamais faire perdre la face ;
  - Avoir un sens élevé du respect, notamment vis-à-vis de la hiérarchie et plus encore des plus âgés ;
  - Etre capable de patience et de modestie. La précipitation vous compliquera la tâche tandis que l'*égociation* consistant à baser tout ce que vous faites ou dites, exclusivement sur votre ego vous perdra ;
  - Davantage en Chine qu'ailleurs, le business est avant tout une affaire de relations personnelles. Fonder votre stratégie business sur les relations interpersonnelles sera donc un « *PLUS* ».

- Les secrets pour réussir vos réunions d'affaires en Chine:
  - Soyez ponctuel, c'est un signe de respect très apprécié ;
  - Intéressez-vous sincèrement aux personnes que vous allez rencontrer. L'organigramme et le sociogramme de leur société vous donneront de précieuses informations ;
  - Arrivez préparé et prêt. Ils le remarqueront et apprécieront. Puis sur place, soyez vigilant et faites attention à vos perceptions, à l'étiquette, aux codes vestimentaires, aux salutations, etc.

- Le rôle central des dîners d'affaires :
  - L'expression dîner d'affaires a tout son sens en Chine car ces moments ne sont pas uniquement consacrés à la détente. Ce sont des extensions de réunions ou de négociations entamées plus tôt dans la journée,
  - Pendant le dîner, soyez attentif aux faits et gestes du manager de l'équipe chinoise et tâchez d'en faire de même sans le mimer afin d'éviter tout impair,
- Les cadeaux du fournisseur : accepter ou refuser ? comment ?
  - Tous les cadeaux offerts lors de réunions d'affaires peuvent-ils être acceptés ? assurément pas !
  - Comment accepter ou refuser un cadeau ? Reportez-vous au K12.

A différents moments de mon parcours, je me suis intéressé à chacun de ces aspects tout en me posant, comme vous j'imagine, les questions qui en découlent. Les réponses que j'ai trouvées sont synthétisées dans ce livre. Pour vous permettre une lecture facile et vous laisser le choix en fonction des points qui vous passionnent le plus, j'ai rassemblé sous 24 clés spécifiques, les astuces, les techniques et divers petits « *secrets de pro* » que vous pourrez explorer et utiliser à votre guise. Elles sont conçues et présentées de manière à vous permettre de gagner en confiance et, d'agir avec plus d'impact dans vos interactions et vos relations d'affaires. Avec elles, vous n'aborderez plus jamais vos négociations et vos business comme avant. Elles sont référencées de « *K1* » à « *K24* » et successivement analysées dans les 9 chapitres qui composent ce livre. Découvrons-les ensemble !

> Que vous soyez négociateur professionnel ou non, businessman expérimenté ou débutant, ce livre s'adresse aussi à vous.
>
> Curieux et désireux de vous enrichir, vous êtes à la recherche des meilleures techniques de négociation ; vous êtes intéressé par le business à l'international et en particulier en Chine, il répond à vos préoccupations.

Première partie. LA CHINE, SON MARCHÉ ET SES NÉGOCIATEURS

Chapitre 1. Pourquoi la Chine ?

« La taille de vos rêves doit toujours dépasser votre capacité à les réaliser. Si vos rêves ne vous font pas peur, ils ne sont pas assez grands. »
Elen Johnson Sirleaf, première femme élue à la tête d'un pays africain - Présidente de la République de Ghana (2006 à 2017)

De nombreuses personnes continuent de considérer la Chine comme une puissance montante au niveau mondial. Or à regarder de près, il ne fait aucun doute qu'elle a changé de statut. Elle est d'ailleurs devenue depuis le milieu des années 2000, le premier exportateur mondial en valeur totale. En cliquant sur ce lien https://www.youtube.com/watch?v=KO8UjBhhZS8 vous accèderez à une vidéo retraçant en en 2 minutes et 04 secondes, l'évolution économique de la Chine au cours des 60 dernières années et son accession à la place de n°1 mondial. Cette évolution, relevée par le **CNUCED** est suffisamment édifiante, pour permettre de ne plus inclure la Chine dans les **BRIC**, considérés comme pays émergeants, et de l'installer dans un statut plus avancé et plus en adéquation avec la réalité. Cette vidéo montre sans ambiguïté la place et les ambitions de la Chine au niveau de l'économie mondiale. Pas d'inquiétude si vous n'avez pas accès à Internet en ce moment et ne pouvez pas accéder à la vidéo. J'ai extrait pour vous quatre des grands paliers franchis au cours de cette longue évolution. Vous les trouverez ci-dessous.

1962 à 1997 : La Chine est absente du top10

Au cours de cette période de plus de 30 ans, la Chine a certes fait des progrès mais n'a jamais pu intégrer le club de tête. Les Etats Unis sont leader et semblent hors de portée de leurs principaux poursuivants comme l'illustre l'image ci-dessous, extraite de la vidéo.

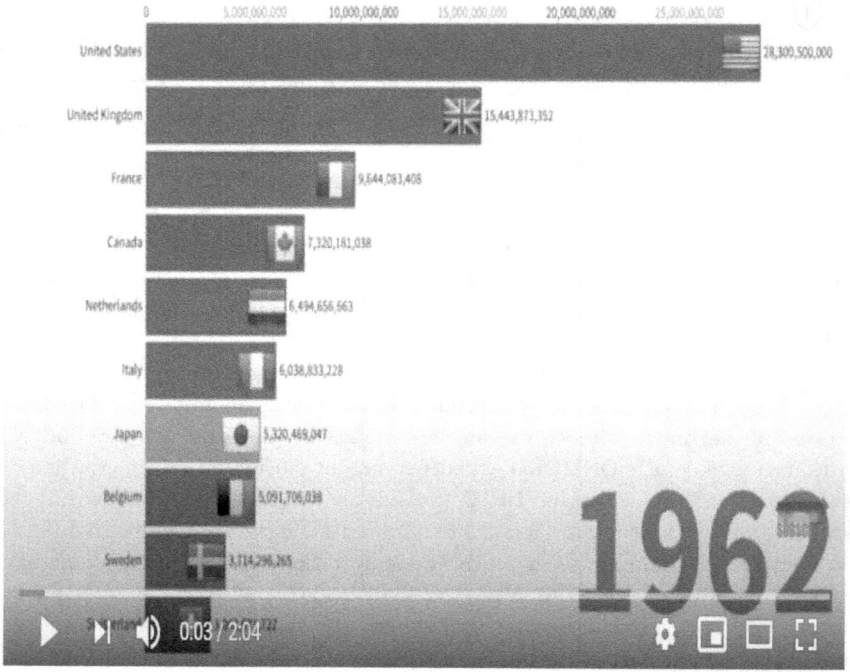

Top 10 Exporting Countries by Total Dollar Value (1962 - 2019)

Source : **CNUCED**

1998 : La Chine fait son entrée au top10

En 1998, la Chine intègre pour la première fois le club prestigieux des 10 pays réalisant les plus importantes exportations en valeur. Une puissance montante est née et, comme on le verra par la suite, rien ni personne ne sera assez solide pour arrêter sa progression.

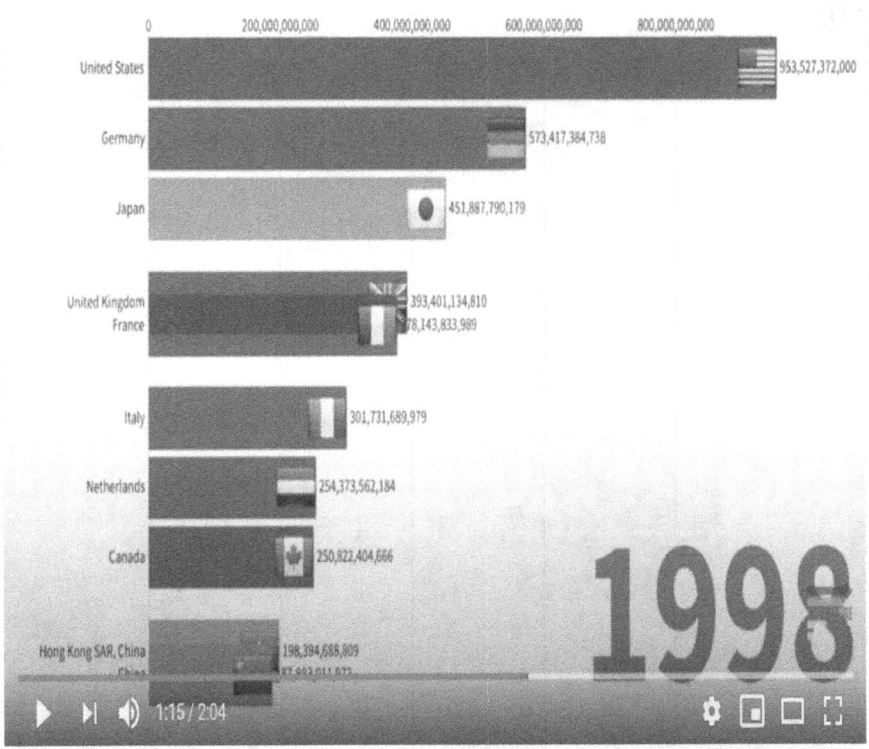

Top 10 Exporting Countries by Total Dollar Value (1962 - 2019)

Source : **CNUCED**

2009 : La Chine se hisse à la 3ème place

En 2009, vingt ans seulement après sa première apparition dans le top-10, la Chine accède à la 3ème place. Elle reste devancée par l'Allemagne et les Etats Unis, qui résistent et tiennent à leurs positions. Du côté de la Chine, la cible est en vue et l'horizon est dégagé.

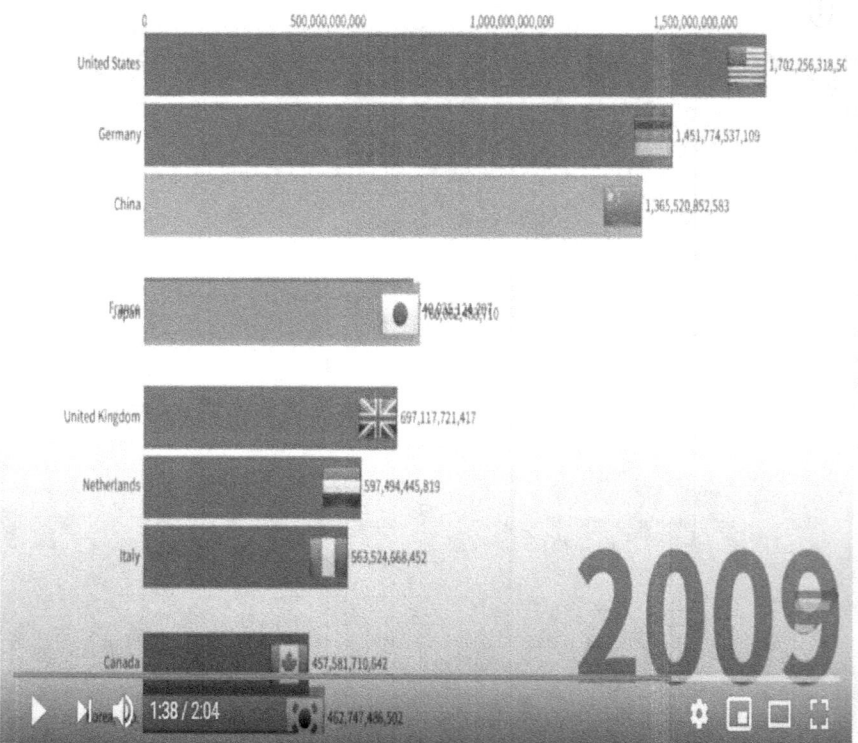

Top 10 Exporting Countries by Total Dollar Value (1962 - 2019)

Source : **CNUCED**

2012-2013 : La Chine devient le leader

Nous sommes en 2012 et les puissances économiques mondiales se remettent doucement de la crise des *subprimes* démarrée en 2009 aux Etats Unis. C'est le moment que choisit la Chine pour donner un grand coup d'accélération et prendre un virage décisif. Elle est désormais en tête des pays exportateurs en valeurs. Contrairement à certaines prévisions qui voyaient les Etats Unis et l'Allemagne reconquérir rapidement leurs places de leaders, la Chine a non seulement consolidé sa position, mais elle a surtout creusé l'écart sur ses poursuivants. Au moment où j'ai écrit ces lignes, l'écart entre la Chine le nouveau n°1 et ses poursuivants immédiats s'est encore creusé.

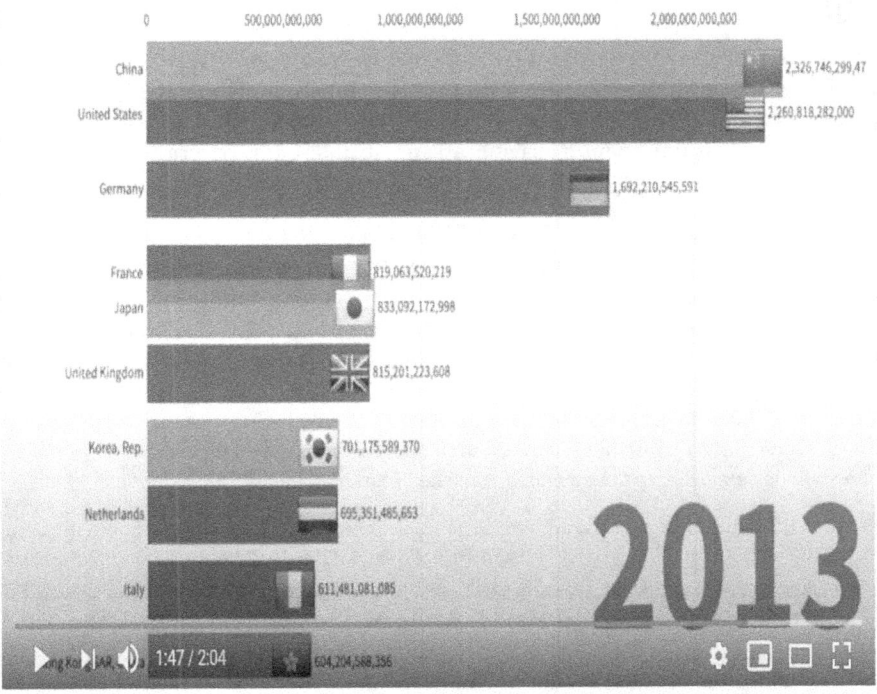

Top 10 Exporting Countries by Total Dollar Value (1962 - 2019)

Source : **CNUCED**

Longtemps considérée par les pays occidentaux comme un géant aux pieds d'argile, la Chine démontre, par son évolution économique, qu'elle ne s'est jamais résignée à accepter le statut peu glorieux dans lequel elle a été installée. Au contraire, elle a accéléré sa mue. La croute d'argile qui recouvrait les pieds du géant est tombée et le monde entier peut voir ses pieds neufs, en acier. Ce nouveau géant aux pieds d'acier donne d'ailleurs l'impression de ne pas encore être habitué à ses nouveaux pieds. C'est ainsi que, comme un éléphant dans un magasin de porcelaine, la Chine cause de nombreux dégâts sur son passage. Elle est régulièrement accusée par ses voisins et ses partenaires étrangers, d'agir délibérément en violation des règles du jeu du commerce.

Bien qu'ayant perdu la première place au classement des exportations au profit de la Chine, les États-Unis avec près de 24% de part de marché, conservent la position de leader lorsqu'il s'agit de l'économie mondiale prise dans sa globalité. Ils sont sans surprise challengés par la Chine qui pointe à la deuxième place avec 16% de part de marché. Sur cet autre terrain, le compte à rebours semble lancé et le reste du monde est impatient d'assister au sprint final qui ne devrait plus tarder.

Plusieurs facteurs déterminants militent en faveur de la Chine, le challenger : son **PIB** en nette croissance, ses flux commerciaux avec le reste du monde, la capacité de son économie à répondre à la demande mondiale de biens et de crédits financiers, son système logistique performant soutenu par des infrastructures modernes (chemins de fer, aéroports et ports), son système avancé d'e-commerce, son système de paiements en ligne, etc. Ces facteurs, qui ne sont que les plus visibles, contribuent significativement à réduire les coûts et à faciliter les échanges commerciaux entre la Chine et le reste du monde. A la lumière du passé, l'analyse des données économiques laisse penser que seul le facteur temps sépare la Chine de la place de leader dans les exportations, à celle de leader de l'économie mondiale.

La plateforme d'information en ligne, *The Trading Economics* (China - Economic Indicators (tradingeconomics.com) annonçait en début d'année 2021 de belles perspectives de croissance en Chine. Elle faisait notamment remarquer que le **PIB** de la Chine estimé à 14 000 milliards de dollars à la fin de l'année 2020, devrait se situer autour de 14 600 milliards de dollars en 2021 et de 15 700 milliards de dollars en 2022. Dans le contexte actuel, une perspective de croissance aussi forte est si exceptionnelle et rare qu'elle mérite d'être suivie et surveillée.

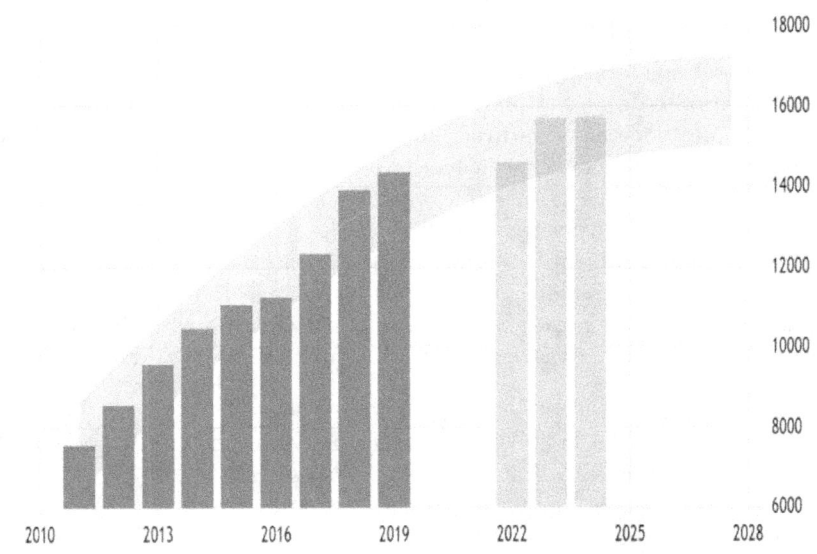

SOURCE: TRADINGECONOMICS.COM | WORLD BANK

Si la Chine a été longtemps absente du top 10 mondial des pays exportateurs, elle n'a jamais été très discrète sur ses ambitions mondiales. Elle s'est donné les moyens de ses ambitions et c'est sans surprise qu'elle occupe son rang actuel. La transformation de son économie a eu un gros impact sur le mode et la qualité de vie de ses populations. Cette transformation a également impactée, très négativement hélas, ses relations politiques, économiques et commerciales avec certains de ses partenaires étrangers et notamment les USA.

De nos jours, le nombre d'États, d'entreprises et d'individus dont les activités quotidiennes dépendent directement du marché chinois, d'où ils s'approvisionnent est en constante augmentation. Vous, qui lisez en ce moment ce livre, si vous êtes comme moi, avez sans doute déjà consulté et/ou acheté des marchandises sur l'une des plateformes Internet de géants chinois du e-commerce. Vous avez peut-être eu l'occasion de faire des achats pour vous, pour la famille ou des amis lors de vos voyages en Chine. Si tel est le cas, vous vous êtes peut-être livré à cet exercice si redouté voire méprisé par certains Occidentaux : la négociation.

La négociation est une question d'état d'esprit et par extension une question de culture. En fait, contrairement aux occidentaux qui, à la faveur d'un mode de pensée et de pratique largement dominé par une logique trop rationnel, accorde aux négociations un rôle de second plan, les chinois accordent une place centrale à la négociation. C'est donc sans surprise que là-bas, le commerce et la négociation représentent les deux faces d'une même pièce. Pour y réussir vos business, vous devez, chaque fois que cela est possible, vous installer sur la frange afin de garder un œil sur chacune des deux faces de la pièce. Le jour où vous verrez l'une sans l'autre, soit vous avez été dupé, soit vous venez de rater une bonne affaire. Si cela vous est déjà arrivé, c'est dommage mais c'est bien la dernière fois. A présent, vous connaissez la règle et les pièges, avec les clés que vous apprendrez ici, vous saurez ajuster et prendre les bonnes décisions quand la situation se présentera à nouveau.

L'enseignement principal tiré de mon analyse de la vidéo dont le lien internet a été fourni plus haut est le suivant. <u>Que vous soyez un particulier, représentant commercial ou ambassadeur, la question n'est plus de savoir *SI* vous ferez ou non du business avec la Chine. La question désormais est de savoir, *QUAND* est-ce que vous commencerez et sous quelles conditions.</u>

De nombreux occidentaux échouent en Chine, victimes du péché d'orgueil ou d'ignorance. N'ayant pas intégré le fait que les différences entre la Chine et l'Occident ne se limitaient pas au système politique, à la taille du territoire ou à la population, ils sont arrivés en brandissant leur logique majoritairement rationnelle. Ce qui est une erreur car, non seulement la culture chinoise est de loin différente des cultures occidentales mais elle a une influence directe sur les activités commerciales et les négociations. L'ignorance de ce seul fait par des étrangers entrant sur le marché chinois a suffi à compromettre toutes leurs chances de réussite.

Quelques cas célèbres sont traités dans la 4è partie de ce livre. Il est quasiment certain que vous ne pouvez mener avec succès vos négociations ni faire des affaires rentables en Chine si vous y aller sans préparation. Elle commence par la prise en compte des spécificités culturelles chinoises. Ceci vaut pour tout le monde et ce quel que soit vos succès et vos expériences hors Chine. Dans ce domaine, rien de ce qui se passe en Chine ne ressemble à ce que vous connaissez ou avez vécu ailleurs. La Chine c'est la Chine !

Heureusement et c'est une autre bonne nouvelle, les particularités culturelles chinoises ne sont pas des formules magiques tenues secrètes. Elles sont connues et à disposition de qui veut les connaître. Elles sont surmontables à condition d'être motivé. Elles contribueront à votre réussite si vous les acceptez et les intégrez dans votre stratégie.

> A la lumière du passé, l'analyse des données économiques laisse penser que seul le facteur temps sépare la Chine de sa place actuelle de leader des exportations, à celle de leader de l'économie mondiale.

Chapitre 2. L'utilité de la représentation locale

« La carte n'est pas le territoire »
Alfred Korzybski (1879-1950), mathématicien polono-américain, créateur de la sémantique générale

Alfred Korzybski le fondateur de la sémantique générale invite à dissocier la carte qui correspond à la représentation que nous avons du monde, du territoire qui correspond au monde tel qu'il est réellement. Si vous agissez depuis l'étranger, comme ce sera souvent le cas, vous devez être conscient que tout ce que vous connaissez de la Chine correspond davantage à la carte qu'à la réalité du territoire. <u>Pour être plus efficace, vous devez soit vous rendre en Chine, soit trouver un représentant local efficace, qui agira en vos nom et place, directement depuis le territoire chinois.</u> Si vous optez pour la représentation, vous aurez besoin d'une personne qui se trouve le terrain et qui en connait les réalités. L'appui d'un tel représentant vous évitera de tomber dans le piège des préjugés de perception auxquels nous sommes tous exposés.

En tant qu'opérateur étranger, vous devez avoir en permanence à l'esprit l'idée que la négociation est au centre des activités de prospection et de commerce. C'est elle qui vous permettra de vous assurer la bonne prise en compte de vos besoins par vos interlocuteurs, tout en préservant vos intérêts et vos finances. C'est encore elle qui vous permettra d'obtenir de vos interlocuteurs, l'engagement de fournir un service ou un bien répondant aux exigences de qualité, à un prix correct, dans les délais convenus. En revanche, vous devez faire attention lorsque vous vous engagez dans cet exercice car en Chine, on ne négocie pas comme on le fait en Occident, en Afrique ou ailleurs. La Chine c'est la Chine ; la Chine n'est ni l'Occident, ni l'Afrique et encore moins les Etats Unis.

Aucun étranger qui s'aventure à négocier en Chine comme il le ferait ailleurs ne devrait s'attendre à un succès significatif. L'étranger qui se fie à ses seules expériences occidentales échouera en Chine car là-bas, contrairement à l'Occident, la négociation est davantage émotionnelle et relationnelle que rationnelle. Une fois en Chine, ce que l'on connait de la négociation même rapidement mise à jour, ne correspond au mieux qu'à une représentation erronée de la carte. Elle demeure loin de la réalité du territoire que vous ne pouvez acquérir en quelques heures. Même avec une mise à jour accélérée, la carte demeurera une représentation et ne correspondra jamais exactement à la réalité du territoire.

Certes vous pourrez si vous êtes chanceux, réaliser quelques affaires fructueuses en vous servant uniquement de la carte. C'est la chance des débutants. Certains l'ont connue et s'en sont contentés plutôt que de travailler à accéder au territoire. Ils ont rapidement déchanté car, comme vous le savez, la chance n'est pas un phénomène permanent. Vous ne devez pas fonder la réussite de votre business sur un phénomène éphémère et incertain. C'est votre devoir de créer les conditions de sa réussite. Ceci implique a minima d'avoir une représentation sur place en Chine, à défaut d'y être en personne.

K1. Quel représentant local pour votre business ?

« Les personnes que je connais, qui réussissent le mieux, sont aussi les plus fiables ».

Wayne Gerard Trotman, britannique, cinéaste et écrivain indépendant

L'environnement chinois est très éloigné du nôtre dans tous les sens du terme. Si vous démarrez un business avec un fournisseur chinois ou si vous avez décidé d'explorer un nouveau secteur du vaste marché chinois, il peut être judicieux de recourir aux services de professionnels locaux. Il s'agit principalement des agences de **sourcing** ou de représentation qui se chargent, à votre demande et en vos noms et places si vous le souhaitez, des opérations de prospection, de sélection, de négociation et/ou de traduction auprès de leur compatriotes fournisseurs.

Dans le cadre de vos activités en Chine, le moment viendra où, comme dans la vie réelle, vous aurez besoin de quelqu'un de plus expérimenté pour vous tenir la main et vous guider. Ne soyez pas de ceux qui attendent la main bienfaitrice ; allez à sa recherche. Elle appréciera l'effort que vous avez mis à la trouver et sera d'autant plus disposée à vous aider. De votre côté, non seulement vous recevrez l'aide dont vous avez besoin, mais également, la satisfaction de voir vos initiatives produisent des résultats positifs. Pour vous aider dans cette recherche, j'ai listé ci-dessous, à titre strictement informatif, deux liens utiles.

- o https://www.lazpanda.com/how-to-find-a-reliable-chinese-sourcing-agent-for-your-business/

- https://www.bansarchina.com/china-sourcing-agents/

Il ressort de témoignages lus dans la presse spécialisée, sur internet ou des échanges avec des hommes d'affaires expérimentés sur la Chine, que le recours aux services d'agents locaux devient une nécessité à partir d'un certain seuil. La notion de seuil telle qu'utilisée ici est assez aléatoire. Elle variera en fonction de la structure de votre business, son activité, son secteur de marché etc. De manière générale, les agences de représentation en Chine sont de véritables professionnels. Leurs agents sont à l'écoute et prêts à couvrir la quasi-totalité de vos besoins sur le marché local. Vous pouvez leur confier, entre autres missions :

- La recherche et la présélection des fournisseurs pour vos besoins,

- L'aide à la conclusion de contrats avec des fournisseurs ou d'autres prestataires locaux, tels des transitaires, des assureurs, ou des banques,

- Le contrôle de la qualité et la supervision des inspections de vos marchandises avant leur expédition,

- La collecte, le stockage, le conditionnement et l'emballage des marchandises, notamment lorsque celles-ci proviennent de localités multiples,

- La vérification des documents d'import/export aux fins de dédouanement

Cette liste qui ne couvre qu'une partie de la palette de services que peuvent rendre les agents locaux, donne tout de même un aperçu intéressant. Il vous revient, en fonction de votre niveau de compréhension du marché chinois, de votre stratégie et de vos finances, de déterminer les services que vous souhaitez externaliser.

K2. Comment tirer le meilleur de la représentation locale ?

« Les meilleures choses qui se produisent dans le monde de l'entreprise ne sont pas le résultat du travail d'un seul homme. C'est le travail de toute une équipe.»

Steve Jobs, entrepreneur et inventeur américain, fondateur d'Apple

La décision pour une entreprise de déléguer, en partie ou en totalité, certaines de ses activités n'est jamais facile. Elle implique un transfert de responsabilité génératrice de risques, que vous devez prendre en compte dans votre stratégie globale. Il convient alors, afin de minimiser ces risques, de ne pas se tromper.

1. Assurer une meilleure gestion du processus de prospection et d'achat

La qualité de vos activités de prospection du marché et de sélection des fournisseurs influencent de façon directe et décisive le sort de votre business. Ces deux activités qui interviennent en amont des transactions à proprement parler, qui constituent le cœur de votre business, doivent être traitées avec la même rigueur que le reste. Ne vous avisez pas, par négligence ou paresse de bâcler cette partie du travail. Miser sur le mauvais cheval revient à s'encombrer d'un fardeau lorsqu'il est nécessaire de s'alléger afin d'agir vite et avec clairvoyance. Je ne crois pas me tromper en rappelant que c'est cela votre ambition.

Maintenant, faites correctement votre travail et trouvez le bon fournisseur. Celui qui correspond le mieux à vos aspirations et qui vous donne les meilleures garanties quant à la réalisation de votre projet. Celui qui prendra le temps nécessaire pour bien comprendre votre besoin, qui est qualifié pour l'analyser puis réaliser vos produits conformément à vos spécifications. Avec lui, les risques de non-conformité sont faibles et vous avez plus de chance de payer un prix et d'être livré dans les délais.

Le respect des exigences coûts-qualité-délais (QCD) est le critère le plus déterminant des réussites présentes et futures de votre business. Vous aurez plus de chance d'y parvenir avec de bons fournisseurs. Mais comment les trouve-t-on ? Il ne suffit pas de savoir qu'il faut identifier et contractualiser un bon fournisseur pour en trouver un, en particulier dans un pays aussi lointain, aussi vaste et aussi complexe comme la Chine. Ce n'est pas une tâche facile. C'est pourquoi j'ai rassemblé et traité ici, quelques-uns des moyens les plus efficaces pour y parvenir. Ils sont traités et présentés sous la forme de cinq conseils simples et faciles à appliquer.

- *Conseil 1.* Définissez avec soin vos critères de sélection

    Cette tâche est loin d'être aussi aisée qu'elle n'y paraît. Vous avez cependant un avantage substantiel ; vous êtes le client. Agissant en cette qualité, c'est à vous que revient le noble rôle de définir vos critères de sélection vis-à-vis des candidats-fournisseurs. Mes années d'expériences en Chine m'ont appris les éléments indispensables à systématiquement ajouter à votre liste d'exigences :

    o les quantités mini et maxi que le fournisseur est prêt à accepter,

    o la politique des livraisons de marchandises ainsi que la gestion des retours de marchandises défectueuses ou non conformes,

    o les normes et standards utilisés ainsi que les qualifications, licences et brevets dont ils sont propriétaires ou simples utilisateurs,

    o les termes de paiement applicables,

    o la gestion des stocks etc.

    La vérification de ces critères fournira des informations précieuses et nécessaires à l'évaluation des candidats à la sélection.

- *Conseil n° 2.* Optez pour une méthode de sélection cohérente et rigoureuse

    Il existe une multitude de méthodes de sélection dont une majorité qui ne vous sera d'aucune utilité. En revanche, en fonction de votre stratégie et de vos aspirations, vous devrez en choisir une. Votre choix, quel qu'il soit, doit forcément impliquer des éléments comme le choix du mode d'entrée sur le marché ou le mode de consultation des fournisseurs. Sur ce dernier point, vous devrez par exemple décider pour un besoin donné, si vous envoyez vous-même la demande ou si vous recourrez à un intermédiaire. Vous devrez également décider si vous voulez solliciter un fournisseur unique (*sole source*) ou plusieurs. En cas de recours à un intermédiaire, voudrez-vous que ce dernier se charge de l'ensemble du processus d'achat et d'approvisionnement ou se limitera-t-il à certaines actions seulement ?

Vos réponses à ces interrogations seront déterminantes et incontournables pour décider.

- *Conseil n° 3.* Définissez clairement votre stratégie d'appels d'offre

Si votre décision est de recourir à la procédure d'appel d'offres auprès de plusieurs fournisseurs potentiels, deux options principales s'offrent à vous. La première consiste en une demande d'intention de participer à l'appel d'offre à venir. Il s'agit d'une demande préalable à la demande de chiffrage proprement dite, dans le but de s'enquérir auprès des potentiels fournisseurs de leur intention de répondre à l'appel d'offres. Cette demande préalable contient suffisamment d'informations pour leur permettre de se faire une idée du contenu de l'appel d'offres et ainsi de se positionner, ou non. La demande d'intention est un excellent moyen d'écrémer le marché afin de ne solliciter finalement que les fournisseurs réellement intéressés par votre demande.

La seconde option consiste à envoyer directement, à tous fournisseurs susceptibles d'être intéressés, un appel d'offre incluant une demande de chiffrage. Dans le but de leur permettre de soumettre des offres appropriées, votre dossier d'appel d'offre doit *a minima* comprendre les spécificités et quantité attendues, les spécifications techniques du produit, incluant vos exigences en terme de qualité, de condition de fabrication, mais aussi de conditionnement, de marquage et de livraison.

- *Conseil 4.* Analysez rigoureusement chaque offre

Une fois la demande envoyée au marché, vous recevez les offres des fournisseurs intéressés. Celles-ci doivent être analysées et comparées dans le but de sélectionner celle qui correspond le mieux à vos attentes. Il s'agit d'une phase primordiale : il vous faudra être objectif pour vous assurer que l'offre retenue est celle qui répond le mieux aux exigences que vous avez définies et communiquées.

- *Conseil 5.* Vérifiez les méthodes de travail et l'organisation des fournisseurs

Une fois vous présélectionné, vous devrez approfondir le travail de vérification. C'est dans cette optique que vous devez définir ou adapter des indicateurs clé de performance (communément appelés **KPI**) qui permettront d'assurer un suivi rigoureux tout au long de l'exécution du contrat. C'est également au cours de cette phase que vous devez vérifier auprès de votre fournisseur, sa compréhension du contrat ainsi que ses motivations à l'exécuter convenablement. Cette vérification se fait généralement via une réunion dite de lancement, communément appelée *kick-off meeting ou KOM*, par le professionnel du secteur industriel.

Le *kick-off meeting* est l'occasion pour les deux parties de présenter les équipes en charge de l'exécution du contrat, de balayer ensemble le contrat en mettant notamment l'accent sur les obligations et responsabilités. L'objectif est de s'assurer de partager la même compréhension des points importants : les principaux jalons et les étapes clés ; tous les livrables et les conditions de leur acceptation, les modalités de facturation et de paiement ; les types de réunions de suivi ou d'avancement ; les exigences de comptes rendus et la responsabilité concomitante ; les pénalités de retards et les conditions de leur application etc. Ceci n'exonère aucune des parties de la nécessité de maintenir une surveillance adaptée pendant toute la durée de l'exécution du contrat. Cette surveillance doit a minima couvrir des étapes clés telles que l'approvisionnement, la fabrication, les essais et la livraison. Aucune étape du processus ne doit être traitée avec légèreté.

2. Réussir l'invitation à la négociation

Vous ne devez pas commettre l'erreur de penser que la sélection du fournisseur met un terme à votre part du travail. Certes, c'est un travail important mais il ne s'agit que d'une étape dans un processus bien plus long. Pensez-vous après la sélection avoir fait le nécessaire pour le succès de votre business ? Certainement pas et vous auriez tort de le penser. Si la sélection est un palier décisif, l'étape suivante est cruciale, notamment dans l'environnement chinois : œuvrer à la création ou à la consolidation de la relation d'affaires avec votre fournisseur. Plus encore qu'aux étapes précédentes, vous devrez ici faire montre de vos talents de négociateur.

De manière générale et sauf erreur de casting, le fournisseur retenu sera celui qui correspond le mieux aux critères de sélection mentionnés précédemment. Désormais, vous tenez votre champion et la phase de sélection est terminée. L'heure est venue de rentrer un peu plus dans les détails de la relation commerciale qui vous lie à présent. La négociation est le meilleur outil que je connaisse pour cela. Si vous la connaissez et la pratiquez déjà, c'est une excellente nouvelle. Il ne vous reste plus qu'à étudier les particularités chinoises sur le sujet. Si en revanche vous n'en connaissez ni les principes, ni les techniques, vous devrez en prendre connaissance et vous les approprier pour le succès de vos affaires en Chine ; vous pouvez également vous appuyer sur votre représentant local. C'est ce qu'il y a de mieux à faire pour votre business.

Faites consciencieusement et stratégiquement votre choix car tout au long de votre business avec les Chinois, vous devrez négocier. C'est grâce à la négociation que, <u>dès les premières étapes de la discussion avec votre fournisseur, vous agirez de manière à l'amener à dessiner et valider avec vous, le chemin le plus approprié vers vos exigences de qualité, de coûts et de délais ou *QCD*</u>. Il n'est point besoin de rappeler ici l'utilité de ces exigences *QCD*. C'est votre devoir et votre responsabilité de veiller à ce qu'elles demeurent, tout au long de la relation d'affaires, le fil conducteur de votre business. C'est une combinaison sans laquelle il n'y aura pas de succès véritable.

Dans un contexte actuel, marqué par davantage de différences que de similitudes entre la Chine et le reste du monde, la négociation apparait comme le moyen le plus à même, de faire comprendre à votre interlocuteur chinois, vos attentes en terme de *QCD*. En contribuant à l'établissement et au maintien du fil conducteur de votre business, puis en permettant d'en assurer son respect, la négociation est votre allié. Elle doit être considérée comme un actif productif de votre business et sa place doit, de ce fait, être au cœur de votre stratégie. Toutefois, vous devez être lucide et rester vigilant car sur ce terrain, rien en Chine ne se passe comme ailleurs. Toute personne qui veut s'y aventurer doit se plier à une exigence minimale : trouver le moyen le plus rapide et efficace pour étudier quelques éléments clés de la culture du pays et plus spécifiquement son style de négociation. Pour aider dans cette tâche, voici en six points, quelques conseils utiles. Assurez-vous de lire et bien les comprendre avant de vous présenter à la table de négociations avec des fournisseurs chinois.

- Soyez le client idéal

<u>La méfiance à l'égard des étrangers est une autre particularité de la culture chinoise</u>. Cette particularité touche spécifiquement le monde des affaires en raison de la nécessité de rencontres et de contacts plus élevée. Cette particularité peut avoir un impact important sur vos activités en Chine. Ainsi, dès le début de vos relations d'affaires, vous devrez agir de manière à établir rapidement la confiance. En outre, vous devez agir de manière à faire rêver votre partenaire. Veillez toujours à vous présenter à lui comme le partenaire idéal, celui qui est prêt à lancer des entreprises durables et rentables. La concurrence est intense entre fournisseurs chinois sur les marchés internes comme externes. Pour survivre, les entreprises attachent une grande importance à l'établissement de partenariats solides et durables.

En ce qui vous concerne, votre première image ainsi que la première impression que vous laisserez à vos interlocuteurs seront déterminantes. C'est ainsi que, dès la phase de contact, votre obsession doit être de présenter la meilleure version de vous. Vous devez vous assurer de donner à votre interlocuteur le maximum d'éléments qui lui feront penser que vous êtes le client idéal. Evidemment il serait préférable que votre image reflète la réalité. Toutefois, quel qu'elle soit, c'est celle qu'ils garderont de vous. Une image flatteuse, à votre avantage sera toujours plus intéressante à ce stade. Il est fondamental qu'ils se prennent à rêver d'un avenir radieux avec de nombreuses commandes plutôt que de plonger dans une série de questions et de doutes.

Une position que je ne partage que partiellement, assimile cette phase de la relation d'affaires aux fiançailles, considérées comme un engagement qui n'engage pas. Le fait que votre image pousse le fournisseur à rêver de nombreuses commandes futures ne garantit pas qu'il accepte de nouer une relation commerciale avec vous. Mais cela est suffisant pour le motiver et le mettre dans des dispositions plus favorables. Il vous restera alors, en bon négociateur que vous serez bientôt devenu, à abattre votre carte maitresse et à conclure l'affaire. Votre succès dans cette phase préliminaire conditionne la suite. Pensez-y et faites en sorte que cela se passe au mieux!

- Primauté des relations interpersonnelles sur le prix

Si vous êtes nouveau dans l'environnement du business en Chine, vous apprendrez rapidement que là-bas, il n'est pas rare que les relations et les interconnexions personnelles passent avant l'argent. Ceci ne signifie pas que les fournisseurs chinois ne veulent pas de votre argent. C'est juste qu'ils accordent davantage d'importance à la qualité de la relation qu'à l'argent, que certains étrangers brandissent comme un couteau suisse. Si vous ambitionnez de faire durablement du business en Chine, vous avez tout intérêt à intégrer dans votre stratégie, de l'investissement dans des relations interpersonnelles solides. Cet investissement vous donnera accès à des opportunités dont vous n'aurez même pas connaissance en misant uniquement sur votre argent. C'est une chose importante à savoir : en Chine, votre degré de réussite sera très souvent corrélé à votre degré de connaissance de la culture et du style de négociation chinois.

Vous serez surpris de constater à quel point la valeur de vos commandes peut être négligeable dans les critères de décision des fournisseurs locaux. Votre attitude à l'égard du fournisseur aura bien souvent un impact plus important sur le déroulement du business que le prix que vous proposez de payer. Une attitude positive sera bien entendu le facteur clé à cet égard. Si par oubli, ignorance ou négligence, il vous arrivait de mépriser ces choses simples voire ordinaires en apparence, vous transmettrez par ce seul fait un message négatif au fournisseur chinois qui risquerait de voir en vous un client difficile, problématique et donc peu fiable pour envisager une relation durable. Vos chances de conclure une affaire profitable seront alors amoindries.

Si votre projet est véritablement de réaliser un business rentable en Chine, vous devez commencer par établir de bonnes connexions avec les fournisseurs et les réseaux d'affaires très influents là-bas. Dans cette démarche, si tout se passe bien, que la confiance s'installe et que les fournisseurs acceptent de faire des affaires avec vous, ils se plieront en quatre pour vous donner satisfaction. Ayant à cœur de ne surtout pas vous décevoir et courir le risque de vous perdre, ils agiront avec bienveillance pour soutenir votre business.

- Ne négociez jamais avec un seul fournisseur

En Chine comme en Occident, la concurrence a la réputation d'être un appréciable facteur compétitivité des marchés ; le corollaire de cette compétitivité est l'amélioration des conditions d'accès aux marchandises pour les clients. Ainsi, en votre qualité de client, vous avez le pouvoir de stimuler la compétition en mettant en concurrence deux ou plusieurs fournisseurs. C'est de bonne guerre et vous aurez tort de vous en priver : pour chacun de vos besoins et sauf contraintes justifiant une stratégie différente, vous devez mettre un point d'honneur à systématiquement mettre les fournisseurs en concurrence. Une astuce pour optimiser vos avantages de la concurrence générée entre fournisseurs, est de faire savoir aux uns que vous êtes, dans le même temps, en discussion avec d'autres, pour le même besoin. Ils connaissent le marché, ils se connaissent et savent jusqu'où chacun est prêt à aller. Il y a alors de fortes chances que la négociation se fasse sans que vous n'ayez plus grand-chose à faire.

Poursuivant dans cette logique, lorsque vous aurez reçu les offres, sentez-vous libre d'informer l'interlocuteur actuel des meilleures conditions reçues par ailleurs. Ils n'apprécieront probablement pas mais, une fois encore, cela fait partie du jeu. Attention tout de même à ne pas bluffer. Vous risquez de casser la corde de la confiance. Les négociateurs chinois sont expérimentés et ne tarderont pas à découvrir la simulation ; la confiance sera alors perdue et ils pourraient alors adopter une attitude froide et très dur envers vous. En effet, chacun connait très bien son secteur de marché et saura rapidement analyser la réalité des conditions que vous prétendez obtenir d'un concurrent. Si vous avez essayez de les tromper, ils seront alors sans pitié. En revanche, si vos propos sont exacts et qu'il s'agit effectivement d'une offre concurrente, très souvent, ils n'hésiteront pas à s'aligner voire même à faire une contre-proposition plus intéressante. Dans tous les cas, cette technique simple consistant à stimuler la concurrence est assez puissante pour vous permettre de réaliser des économies significatives.

- Penser à choyer vos bons fournisseurs

La décision d'établir une relation commerciale durable avec un fournisseur de surcroît étranger, doit être précédée d'une analyse rigoureuse du marché dans lequel il évolue. Vous ne trouverez la perle rare, le *« bon »* fournisseur, qu'à l'issue de ce travail préparatoire. Il convient de rappeler ici que le terme préparatoire n'est pas synonyme de facultatif. Ce travail d'analyse doit être fait avec le même sérieux et la même rigueur que tout ce qui suivra. Le *« bon »* fournisseur est celui qui est toujours disponible pour répondre à vos besoins ou pour vous proposer des alternatives. Il possède les compétences nécessaires et les ressources appropriées pour traiter vos commandes. Il est prêt à s'adapter à vos exigences et n'hésite pas à passer en priorité certaines de vos commandes. En contrepartie, vous devez lui accorder une attention particulière et lui démontrer l'intérêt et la motivation que vous avez à vouloir travailler durablement avec lui.

Les fournisseurs chinois apprécient particulièrement les clients susceptibles de générer des business rentables dans la durée. Le long terme est un plus. Mais attention, ce ne doit pas ni être une parole en l'air, ni un accident heureux dans la relation d'affaires. Celle-ci doit au contraire, comme dans la vie réelle, résulter d'un effort régulier des parties concernées, en l'occurrence, votre fournisseur chinois et vous. La bonne nouvelle est le cercle vertueux que cela engendre : plus vous mettez de l'énergie à la réalisation d'une relation fructueuse et durable, plus l'autre partie s'impliquera. <u>Si vous voulez réussir, n'attendez pas que les autres agissent. Faites-les agir en agissant vous-même.</u> Une dernière chose pour terminer sur ce point, pensez à clarifier ou à écarter en amont tous points susceptibles de causer des malentendus et ainsi, ruiner des efforts si durement consentis.

- L'avance de paiement comme levier pour une réduction des prix

La décision de payer une partie du prix à l'avance est un levier de négociation efficace : il est très apprécié des fournisseurs chinois. Son utilisation vous permet de renforcer votre position dans la négociation tout en mettant votre interlocuteur dans des dispositions plus favorables pour consentir une amélioration de ses conditions de ventes et notamment la réduction de son prix. Bien qu'il ne nécessite absolument pas de longues discussions, ce levier est suffisamment puissant pour aller briser chez votre interlocuteur, ses dernières résistances. Restez tout de même lucide et bien gardez bien à l'esprit qu'une avance paiement constitue pour votre business, un risque financier non négligeable, qui sera donc à intégrer dans votre business plan et à suivre dans votre registre de gestion des risques.

- Rejeter systématiquement la première offre

Les personnes réussissant leurs négociations et développant des affaires prospères ont de nombreux points en commun. L'un d'eux est leur grande capacité d'écoute. Lors de la formation de perfectionnement à la négociation effectuée à l'**Institut NERA de Paris**, j'ai appris entre autres choses importantes, que la négociation consistait à savoir passer de la volonté de convaincre, qui nous guide principalement dans nos interactions avec les autres, à la volonté de comprendre. Cette exigence qui voudrait que nous calmions nos instincts et nous affairions à écouter l'autre est primordial. Elle n'est ni intuitive, ni naturelle, ni facile à respecter. Elle est toutefois indispensable à qui veut réussir. Je vous conseille de la tester dans vos prochaines négociations. Essayez de parler moins, d'écouter plus et de voir le résultat : vous réussirez. Formuler l'offre en premier révèle votre jeu. Les professionnels que vous avez en face de vous, rompus à l'exercice, se feraient un malin plaisir de rejeter cette première offre et ainsi risqueraient de vous frustrer, de vous fragiliser et de vous amener à en livrer davantage. En négociation, la partie qui dégaine en premier gaspille généralement une munition et se met alors en situation de faiblesse, contrainte de faire des concessions coûteuses pour rétablir un semblant d'équilibre ou pour conclure l'affaire.

Si vous avez choisi de laisser parler votre interlocuteur en premier et avez trouvé les mots justes pour l'encourager à le faire, c'est une très sage décision. Toutefois, il subsiste le piège de l'acceptation trop rapide de l'offre qu'il vous soumet. Recevez l'offre et prenez plutôt le temps d'y réfléchir. Réagir très rapidement, que ce soit pour faire une contre-offre, pour accepter ou rejeter, est doublement pénalisant pour vous. Supposons que l'offre faite par votre interlocuteur vous convienne et que vous ayez l'intention de l'accepter : un *« oui, j'accepte l'offre »* prononcé trop rapidement peut frustrer l'auteur de la proposition, y compris lorsque le prix que vous avez accepté est exceptionnellement supérieur à ce qu'il espérait tirer de l'opération. En effet, comme le souligne à juste titre les théoriciens de la méthode de négociation de Harvard, le fournisseur dont l'offre a été si facilement et rapidement acceptée, aura le sentiment d'avoir fait une mauvaise affaire, d'avoir bradé son produit. Souvenez-vous que le business n'est pas qu'une question de prix ou d'argent. Le business est aussi et assez souvent une question de fierté personnelle. Prenez garde à cela !

L'attitude recommandée ici est donc de retarder stratégiquement le moment de la réponse. Vous devez tirer sur la corde et résister jusqu'à ce que le fournisseur aie peur de manquer l'affaire. Agissant ainsi, vous tirerez davantage de la négociation tandis que le fournisseur de son côté, en appréciera beaucoup plus le résultat. Il sera heureux d'avoir bataillé pour le prix obtenu, et considèrera celui-ci comme étant plus près de la valeur réelle de son produit.

Vous devez apprendre à dire *« non »*. Dites *« non »* au fournisseur pour la première offre qu'il vous a faite, même lorsque celle-ci vous semble intéressante et constitue déjà une bonne affaire. Le *« non »* en négociation ne rompt pas les discussions. Il invite à continuer, à aller plus loin, à rechercher d'autres voies possibles. Les fournisseurs chinois insisteront généralement et n'hésiteront pas à utiliser une forme de pression émotionnelle pour obtenir un *« oui »* rapide de vous. Résistez et surtout et ne cédez pas. C'est le moment de présenter votre meilleur *« poker-face »* et de tenir. Les fournisseurs chinois sont des négociateurs aguerris : ils savent que cela n'a rien de personnel et ne seront donc pas offensés. Vous ne devez pas céder trop vite car ce sont aussi d'excellents acteurs qui sauront simuler et feindre tous genres d'émotions dans le seul but de vous déstabiliser.

K3. Les services et responsabilités du représentant local

« Le succès dans la vie ne peut être obtenu que par un effort coopératif, harmonieux et pacifique »

Napoléon HILL, auteur, Les lois du succès – 17 principes de succès en 4 tomes (1883-1970)

1. Les exigences minimales

Il convient de signaler d'entrée que le business de la représentation locale est fleurissant en Chine. La présence massive des agences de représentation laisse penser que le pays a délibérément intégré l'activité de ces acteurs dans sa stratégie globale de croissance, d'attraction et de fidélisation des clients et consommateurs du monde entier.

Les activités de représentation représentent en soi une profession autonome dont la forte présence dans l'environnement des affaires s'avère un atout économique de poids. Au regard de votre business, leur rôle consistera, selon vos accords avec eux, en la prospection, mettre en relation, accompagner dans les réunions pour aider à la traduction ou à la négociation. C'est en agissant ainsi que les bureaux de représentation locaux participent à la consolidation de la position dominante qu'occupe désormais la Chine dans le domaine des exportations commerciales au niveau mondial. <u>En vous permettant par leur aide, de réduire vos craintes et votre stress, et ainsi de contourner certains des écueils qui pourraient impacter négativement votre business et vos projets dans cet univers lointain et peu connu, les agences de représentation locale contribuent aussi grandement à rendre le marché chinois attractif et facile d'accès.</u>

Fort de ce qui précède, la difficulté pour vous désormais sera davantage de décider du budget à allouer à ces services que de trouver une agence qui vous en proposera. Une question subsiste tout de même : comment trouver l'agence efficace qui pratique des prix corrects ? Au-delà du prix qu'il coûte à votre business, le représentant local est censé, en cette qualité, être *a minima* vos yeux et vos oreilles : dès lors, on comprend aisément l'enjeu du casting. Il est essentiel que la personne ou le bureau à qui vous donnez le droit de vous représenter remplisse fidèlement les missions que vous lui confiez.

Lorsque vous entamerez le processus de sélection de votre représentant local, un premier défi de taille sera celui de sa fiabilité. En d'autres termes, comment vous assurer que le candidat que vous interrogez dans le cadre de l'entretien de sélection est aussi compétent et fiable qu'il le prétend ? La particularité du contexte chinois contribue à complexifier cette question qui n'est déjà pas évidente. J'ai tiré de mon expérience un ensemble de critères dont l'efficacité dans l'évaluation des candidats à cette mission de représentation locale a été éprouvée avec succès.

Avant de rentrer dans l'analyse détaillée de ces critères, il est important de rappeler quelques généralités. Tout d'abord, puisqu'il s'agit de recrutement et donc de questions humaines, il convient de garder à l'esprit que, chaque individu étant unique, les critères que nous analyserons doivent servir de cadre de référence et non de règles applicables à tous. Dans la même logique, vous ne devez jamais sous-estimer le risque d'erreur que sont susceptibles de causer vos intuitions dans ce processus de sélection. Enfin, assurez-vous de n'être ni guidé, ni influencé par vos biais de confiance ou de méfiance, en fonction de critères subjectifs qui n'existent que dans votre référentiel. Le choix du représentant local peut s'avérer un atout autant qu'un véritable risque.

Mon conseil pour limiter votre exposition à un niveau de risque acceptable serait de ne pas contractualiser avec le représentant local dès le démarrage de votre activité. Vous avez la possibilité d'opter pour un système de services à la demande. Vous les sollicitez ponctuellement, pour de petits services déterminés et de manière limitée dans le temps. Cette option vous laisse toute liberté d'observer, d'évaluer et de décider de conserver votre représentant local ou d'en changer. Dans l'hypothèse où il vous donne satisfaction, vous n'aurez qu'à élargir progressivement la liste des missions que vous lui avez confiées jusqu'à ce que cela devienne plus rentable pour votre business de contractualiser un représentant attitré. Quel que soit la stratégie ou l'option que vous retiendrez pour votre business, vous devriez rester alerte au regard des critères ci-dessous.

- La connaissance des langues étrangères

En supposant que vous ne parlez pas chinois (mandarin, cantonais…) et que vous ne vivez pas en Chine, voici mon conseil sur ce point. Votre agent doit pouvoir lire, écrire et parler couramment l'anglais qui est aujourd'hui la langue internationale des affaires, y compris en Chine. Toute autre langue en plus est un bonus à prendre si vous en voyez l'utilité.

Votre agent local est en principe votre premier contact avec le marché. Souvenez-vous qu'il sera vos yeux, mais aussi et surtout votre voix et vos oreilles. Il communiquera vos besoins à ses compatriotes, vos fournisseurs, puis pour votre compte, il les écoutera et vous assurera une traduction correcte des communications. Il est primordial que votre représentant puisse communiquer avec vous sans difficulté, dans une langue qu'il maîtrise et qui vous convient. Bien que cela soit rare, vous pouvez trouver des représentants polyglottes, parlant outre le mandarin et l'anglais, le français, l'espagnol, l'italien, l'allemand ou le russe. Il m'est arrivé d'en croiser qui comprennent partiellement des dialectes africains.

Selon votre pays d'origine et la complexité de votre demande, certaines agences proposent d'étendre leurs services en intégrant l'aide de non chinois vivant en Chine, et ayant une excellente connaissance de la culture chinoise, en plus de celle de leur pays d'origine. Les services de ces résidents d'origine étrangère sont précieux notamment pour les dossiers sensibles nécessitant un haut niveau de confidentialité et une protection élevée des droits de propriété intellectuelle (**DPI**).

- Une connaissance profonde du marché

Le représentant local que vous mandatez pour agir en votre nom et pour votre compte ou celui de votre société doit bien connaître le pays et ses marchés. Il doit être en mesure d'identifier rapidement et avec facilité les *« bons plans »*, les *« bonnes adresses »* ainsi que les *« bons contacts »*. Son aisance sur le terrain doit être assimilable à celle d'excellents joueurs d'échecs, capables à tout moment de la partie, y compris yeux fermés, d'identifier et de situer chaque pion. Votre représentant doit être capable, en quelques coups de téléphone, de trouver une information rare ou de dénicher n'importe quel produit dont vous auriez besoin. Rien d'illicite évidemment.

Le représentant local doit constituer par sa propre personne, la clé qui vous donne accès marchés locaux. Sous certaines conditions, il pourrait également vous donner accès aux précieux réseaux d'affaires chinois. Lorsque vous en aurez trouvé un, capable de réaliser ces importantes missions pour votre business, gardez-le précieusement. C'est une pièce maitresse de votre business. Votre succès en Chine pourra, en fonction du secteur d'activité, dépendre largement de lui. Il connait les marchés leur fonctionnement et les législations qui s'y appliquent ; il connait les fournisseurs et en côtoie certains dans des réseaux d'affaires ou sociaux ; il est le facilitateur dont vous pourrez avoir besoin.

- Des années d'expérience professionnelle reconnues et justifiables

Le représentant local est un prestataire de services. En cette qualité, il est un fournisseur, au même titre que ceux auprès de qui vous achetez vos produits et marchandises. Toutefois, il s'en différencie principalement par le fait qu'il agira pour votre compte. C'est votre responsabilité première de vous assurer qu'il est compétent et qualifié pour le service que vous lui commandez. L'exigence de justificatifs d'années d'expérience probantes sur le territoire et les marchés a pour objectif d'apporter cette garantie de sérénité dont vous avez besoin pour continuer à vous concentrer sur la part du travail qui reste sous votre responsabilité. Il est donc nécessaire que son curriculum vitae apporte la preuve de sa connaissance des territoires, des marchés, des lois et si possible, son appartenance à des réseaux d'affaires chinois.

2. Autres exigences et avantages

Grâce à internet et les outils de communication quasi gratuits, concomitants, le marché chinois s'est davantage ouvert et s'est rapproché de nous. Grâce à *Skype, Teams, Zoom, WeChat* ou encore *WhatsApp* (qui officiellement n'est pas autorisé en Chine), toute personne peut contacter et développer des relations d'affaires avec des fournisseurs chinois depuis n'importe quel pays du monde. Il y a dans cette belle mécanique, un petit bémol relatif aux négociations. Si vous êtes familier à cet exercice, vous savez que l'on négocie mieux en « *présentiel* » qu'en « *distanciel* ». Ce dernier mot qui n'est d'ailleurs pas encore intégré dans le dictionnaire, fait référence aux négociations par mail, au téléphone ou via visio-conférence. L'idéal évidemment est plutôt de négocier en présence de votre interlocuteur, dans la même pièce. L'actualité récente démontre que cela n'est malheureusement pas toujours possible. On peut être bloqué par des difficultés financières, techniques, conjoncturelles voire sanitaires. Dans un tel cas, la présence en local d'un professionnel agissant en vos place et nom y compris pour les réunions de négociation est de grande utilité.

- Prospection et sélection des fournisseurs

La connaissance du pays, des marchés locaux et des fournisseurs représente un atout que seul un professionnel saura mettre à profit, au bénéfice de votre business en Chine. Lui seul sera en mesure de prospecter et présélectionner dans une *short-list*, les deux ou trois meilleurs fournisseurs capables de satisfaire vos besoins. Il est un contributeur direct à la réalisation du triangle *QCD* sur lequel repose votre business. Il s'agit de trois exigences dont la satisfaction concoure à la réussite de vos projets. Le Q fait référence à la qualité des produits acheté ou à leur fiabilité. Le C représente le coût global de celui-ci. Si nous considérons la fabrication d'un téléphone portable par exemple, le C inclura les coûts de conception, d'achat des matières premières, de fabrication, de logistique et tous autres frais engagés pour la réalisation et sa livraison chez vous. Le D quant à lui fait référence au respect des délais. Ces délais englobent les temps d'approvisionnement de matières premières, le temps imparti aux activités de conception, de fabrication, d'essais et enfin de livraison.

Le suivi et les contrôle réguliers des activités des fournisseurs en regard de l'atteinte de ce triangle est une activité qu'il est fortement recommandé de confier au représentant local si vous en avez un. Il est sur le terrain, proche des fournisseurs et il connait le contrat. Il a donc plus facilement accès aux fournisseurs et à leurs ateliers ou usines pour vérifier la conformité aux exigences contractuelles. De leur respect dépend le résultat final.

- Gestion des activités d'achat

Outre la recherche et la sélection des fournisseurs, l'ensemble du processus d'achat peut aussi être confié à votre représentant local. Il devra alors prendre en charge l'ensemble des opérations allant de l'"appel d'offres à l'expédition des marchandises vers l'adresse que vous lui aurez indiqué.

Le représentant local sera alors chargé d'assurer également le suivi des inspections, le prélèvement d'échantillons pour vérification préalable à l'acceptation et l'expédition des produits. Certaines agences de représentation locale offrent en plus des missions déjà évoquées, un système de groupage et de stockage. Ce service peut être très utile, notamment lorsque vous avez plusieurs fournisseurs installés dans des villes différentes. Il peut alors être nécessaire de rassembler vos marchandises en un seul point et ainsi, d'avoir une meilleure maîtrise de la logistique et des coûts associés. Le territoire chinois est vaste : la collecte puis le stockage en un seul lieu, de marchandises d'origines diverses et ce, en vue d'une expédition en un seul lot, est susceptible de générer des économies conséquentes.

- Négociation des prix et autres conditions de vente

La négociation est un élément essentiel de la culture chinoise. Les personnes qui ont eu l'occasion de visiter ce pays l'ont très probablement remarqué. Toute personne ayant l'intention de faire du business avec des fournisseurs chinois doit se préparer à la négociation. Les fournisseurs chinois négocient tout le temps. La négociation est véritablement une seconde nature chez ces derniers. C'est assurément pour cette raison qu'ils incluent systématiquement dans leur offre de prix un pourcentage important consacré à la négociation. Ainsi, en dehors des achats effectués sur des plates-formes d'e-commerce où tout est, en principe, verrouillé, <u>tout achat effectué en Chine en l'absence de négociation est une mauvaise affaire. Si vous le faites, vous devez savoir qu'en supplément du prix exact attendu par le vendeur, vous payez la part expressément ajoutée pour répondre à ce qui ressemble à une exigence culturelle et qui voudrait qu'aucune vente ne se fasse sans négociation préalable.</u> Plus vous négocierez, plus vous réduisez cette part du prix annoncée, réservée à la négociation. A vous de décider de ne pas payer plus qu'il n'en faut.

De nombreuses personnes en Occident et en Afrique ne savent pas ou n'aiment pas négocier. D'aucuns redoutent tant la négociation qu'ils se résignent à payer plus là où un simple *« quel est votre meilleure offre ? »* aurait suffi pour obtenir une réduction du prix. Mon but serait atteint si, à l'issue de la lecture de ce livre, vous commenciez à agir différemment. Vous verrez, c'est facile et profondément réjouissant de réaliser qu'il suffit de quelques mots bien sélectionnés et d'une attitude appropriée pour déclencher, chez n'importe quel vendeur, la décision de vous faire des offres plus favorables. En attendant que vous opériez le changement nécessaire et que vous l'implémentiez dans vos pratiques quotidiennes, il serait bénéfique de vous appuyer sur votre représentant local pour vos négociations en Chine. Il est qualifié, expérimenté et rompu à l'exercice. Observez-le, suivez-le et inspirez-vous de ses agissements sur ce plan pour vos futures négociations. Du fait de sa pratique quotidienne, il est mieux outillé que vous pour contrecarrer ses compatriotes et les amener à vous accorder d'intéressantes conditions d'achats. Son action vous fera gagner du temps et de l'argent.

- Réduction et gestion des risques

La connaissance du marché et des lois qui s'y appliquent relève des compétences minimales d'un bon représentant local. De ce fait, il possède celles nécessaires pour effectuer à votre profit, la veille juridique et concurrentielle dont vous avez besoin pour mener votre business dans les règles et dans de bonnes conditions. Ceci impliquera par exemple qu'il vérifie et s'assure que les fournisseurs avec lesquels vous avez l'intention de travailler, ont une existence régulière et qu'ils agissent en conformité avec les règles qui régissent leur activité ainsi que leur marché.

Une autre mission de votre agent, dans ce cadre, consistera à contrôler la régularité des documents contractuels, tels que les assurances, les garanties, les licences, les brevets ou les qualifications. Il s'assurera également de la demande dans les délais, auprès des autorités compétentes, des documents de douane, de transport et toutes autres déclarations. Fort de ses multiples activités facilitées par ses réseaux d'affaires mais aussi ceux de ses contacts, le représentant local joue un rôle central. Par l'ensemble des activités qu'il réalise pour vous, le représentant local contribue largement à limiter votre exposition à divers risques inhérents à ces activités. Il est un acteur clé dans le quête et la sécurisation du triptyque *QCD* précédemment évoqué.

Le fait de disposer d'un représentant local représente ainsi une aide précieuse pour votre business. Etant votre voix, vos yeux et vos oreilles, il a la possibilité de procéder à des inspections, surprises ou programmées, chez vos fournisseurs afin de suivre l'avancement des fabrications. Qu'elles soient à son initiative ou la vôtre, les inspections dans les usines permettent de s'assurer en cours de fabrication, que tout se déroule convenablement. Si d'aventure des anomalies étaient détectées à ce stade, il pourrait encore être temps de rectifier le tir avec des impacts coûts et délais limités. La disponibilité de l'agent ainsi que les facilités qu'il offre pour accéder aux usines et ateliers de fabrication seront de très grande utilité pour votre business. De plus son bilinguisme anglais-mandarin vous permettra de communiquer de manière quasi directe avec vos fournisseurs.

Désormais, opérer en Chine sans le support de représentant local ne sera plus le fait de l'ignorance mais un choix délibéré de votre part. La réalité est que le rôle du représentant local dans votre business en Chine est central. Pour cette raison, s'attacher ses services lorsque l'on souhaite intégrer avec succès le marché chinois est devenu, davantage un *must have* qu'un *nice to have* comme disent les anglo-saxons.

> Dans le cadre de vos business avec les Chinois, le moment viendra où, comme dans la vie réelle, vous aurez besoin de quelqu'un de plus expérimenté pour vous tenir la main et vous guider.

Deuxième partie. RÉUSSIR VOS NÉGOCIATIONS EN CHINE

Chapitre 3. Le style de négociation chinois

« Un homme sage doit se faire un devoir de toujours être exact dans les mots qu'il utilise. »
Confucius, philosophe et homme politique chinois (5è-6è siècle av. JC)

A la faveur de la mondialisation des économies, la grande rivalité entre les entreprises chinoises et occidentales, notamment en ce qui concerne les modèles économiques et le business, connait un profond chamboulement qui semble les rapprocher davantage. L'économie chinoise se transforme et s'ouvre davantage aux modèles occidentaux. Les deux camps sont ainsi contraints d'améliorer leur compréhension mutuelle pour un partenariat renforcé.

En ce qui concerne les entreprises occidentales, elles doivent encore malgré le rapprochement de modèles, se plier à certains préalables pour réussir en Chine. L'un d'eux est la culture, généralement traitée avec légèreté. Or, l'absence ou la faible prise en compte des particularités culturelles chinoises est à l'origine de nombreuses désillusions d'entreprises occidentales en Chine. Plusieurs négociateurs occidentaux ayant une expérience chinoise m'ont confié avoir eu beaucoup de difficultés au départ. Ils ne comprenaient pas le modèle chinois de négociation. De manière quasi unanime, ils trouvent les négociateurs chinois indirects dans leur façon de communiquer, et incapables de décider rapidement. Les différences de modes et façons de négocier ont même fait dire à certains que les négociateurs chinois étaient malhonnêtes.

De leur côté, les Chinois trouvent impulsifs, agressifs et trop impersonnels les négociateurs occidentaux et plus spécifiquement les Américains. Il y a, à l'évidence, de part et d'autre, un important problème de perception qui, renforcé par divers biais cognitifs, rende difficile la conciliation des positions sur ce simple point. Cette difficulté justifie à elle seule la nécessité pour la partie qui est susceptible d'en souffrir le plus, d'intégrer dans sa stratégie commerciale, les particularités culturelles. Les perceptions ne sont ni la réalité, ni son image. Vos perceptions sont une représentation floue voire confuse de la réalité. Elles n'ont aucune raison d'être vraies et ainsi, de correspondre à la réalité. Vous devez vous en méfier car elles constituent des menaces pour votre business. En revanche, vous devez être conscients de leur existence, prendre le temps de les analyser en profondeur afin de définir le meilleur moyen de vous en prémunir. Vous y arriverez en vous astreignant à une préparation réelle et efficace, impliquant l'évaluation de vos forces mais aussi, de vos faiblesses dont elle fait partie.

Toute personne qui ambitionne de faire du business en Chine ou qui en fait déjà, doit s'attendre à négocier. Mais il ne s'agira pas de négocier comme vous le faites ou avez vu faire en Occident. Désormais, il s'agit de la Chine et là-bas on ne négocie pas comme on le fait ailleurs. Il existe un style de négociation propre à la Chine et vous devrez vous en accommoder. La règle est simple, si à Rome on chante comme les Romains, en Chine il faudra négocier comme les Chinois. La négociation en Chine n'est pas seulement un outil commercial ou un levier pour améliorer ses résultats. La négociation est un élément fondamental de la culture chinoise. Plus connue en local sous le vocable « *tan pan* », elle implique l'acte de discuter avec les autres, de jauger ou de juger les choses mais aussi d'évaluer les gens.

K4. Les essentiels du style chinois

« La confiance est comme une feuille de papier, une fois froissée, elle ne peut plus être parfaite »

Proverbe africain, anonyme

Plus vous vous familiariserez avec la culture chinoise et ses valeurs, moins vous serez en proie aux perceptions qui viendront polluer vos négociations avec les Chinois. Pour simple curiosité ou en préparation de voyages d'affaires en Chine, intéressez-vous sincèrement à la culture chinoise. Vous en découvrirez les richesses ainsi que les implications dans les négociations et dans le business. J'ai retenu de mon expérience, des discussions et lectures, les sept clés culturelles que vous trouverez dans les lignes qui suivent. Je vous encourage vivement à les analyser, à les comprendre et à vous les approprier. Elles vous seront de très grande utilité car sans elles, il est très difficile aux Occidentaux et aux Africains de réussir leur business avec les Chinois.

1. Le « *Guanxi* » ou les relations interpersonnelles

En Chine, les membres de la même famille, comme les amis sont liés par quelque chose de très fort. Il s'agit d'un lien solide et difficilement destructible dont les impacts sur le monde des affaires sont considérables. Il s'agit du *Guanxi* qui désigne un lien interpersonnel très fort entre individus regroupés au sein d'un réseau de contacts, de relations et d'affaires. Dans le domaine des relations d'affaires qu'il contribue à structurer, le *Guanxi* donne accès aux choses dont le quidam n'aurait même pas connaissance. Il est ouvert aux membres d'une famille ou une communauté, mais aussi et sous certaines conditions, aux amis. Vous aussi pouvez donc en profiter, à conditions de remplir certaines conditions et en particulier d'être coopté par un membre.

Les *Guanxi* sont généreux mais pas naïfs. C'est ainsi que pour eux, un service rendu n'est pas nécessairement dû, mais ne pas le rendre quand vous le pouvez et notamment alors que les autres sont dans le besoin, laisse des traces indélébiles. Les personnes qui oublient de retourner l'ascenseur sont considérées comme immorales et indignes de confiance. Elles écopent de sanctions qui peuvent aller jusqu'à l'exclusion du réseau.

Le déploiement d'internet et l'explosion des applications de communication qui en découlent, telles *WhatsApp, Skype, WeChat, Zoom* et *Teams* pour ne citer que celles-ci, ont redéfini les règles du business à l'international. Désormais, toute personne peut, en quelques clics et de n'importe quel point du monde, entrer en contact avec des fournisseurs chinois pour obtenir des renseignements, procéder à des négociations ou passer des commandes. Tout ceci à partir d'un ordinateur ou d'un simple téléphone portable et ce, depuis son bureau, la terrasse d'un café, un banc public ou confortablement installé au fond de son canapé. Le corollaire est la facilitation des échanges et l'accélération des opérations. Toutes choses qui vous permettront de dépenser moins d'énergie, moins de temps et donc, moins d'argent.

A l'évidence des atouts pour votre business même si, aux yeux de vos partenaires Chinois, ils n'égaleront jamais la force du contact direct et des réseaux de relations dont le *Guanxi* est la matérialisation. Le *Guanxi* a consacré la toute-puissance des relations interpersonnelles dans le business. De l'avis de Chinois, rien n'est aussi solide et puissant qu'un groupe d'individus tenus par des liens forts, ayant une connaissance personnelle de chacun et agissant chacun, de manière à toujours préserver sa réputation pour continuer à mériter la considération des autres membres du groupe et de ses réseaux. C'est la base du *Guanxi*.

Contrairement à l'Occident, où les institutions et le lobbying constituent des réseaux d'influence de premier rang, en particulier dans les domaines des affaires, en Chine et notamment dans les réseaux de *Guanxi*, l'individu est au centre des cercles d'influence. Les Chinois privilégient les individus et des relations interpersonnelles fortes. Il s'agit d'un système fermé dans lequel les membres ont des relations réciproques fortes, dominées par la confiance. Toute violation de l'exigence de solidarité (au sens commun et non juridique) sur laquelle repose ce système de fonctionnement scellera votre sort dans les négociations. En revanche et à condition d'avoir d'excellentes relations avec vos contacts en Chine, le respect de cette exigence peut, exceptionnellement certes, vous ouvrir les portes d'un *Guanxi*. Si vous avez la chance que cela se produit, pensez à l'avenir de votre business et imaginez ce que peut représenter pour votre business une telle force.

De nombreux étrangers arrivant en Chine pour le business voient dans le *Guanxi* une forme de corruption. Bien sûr, tout est possible, y compris la corruption. Mais le Guanxi est avant tout un art de vivre et de faire du business à la chinoise. Les relations interpersonnelles qui résultent du *Guanxi* sont de la plus haute importance dans le monde des affaires en Chine. Le *Guanxi* favorise le développement de relations solides fondées sur la confiance entre ses membres. L'unique voie réservée aux étrangers pour intégrer un de ces réseaux est la cooptation ou le parrainage. Votre présence et votre comportement lors de petites discussions en aparté, de diners d'affaires avec ou sans karaoké, etc. sont autant d'occasions pour vous, de démontrer votre motivation et votre confiance à un potentiel parrain.

Votre représentant local ou même votre fournisseur peuvent vous parrainer. En cas de réponse positive des membres de son réseau, vous pourrez alors profiter de tout le vivier d'avantages que confère leur connaissance du territoire et des marchés. Ils vous ouvriront des portes précieuses dont certaines ne sont connues que des membres du réseau. Votre représentant local est le mieux placé pour vous présenter les personnes influentes qui sauront vous accompagner et vous tirer des ennuis éventuels.

Principalement réputé pour être un système efficace de relations interpersonnelles, le *Guanxi* est aussi un grand aux réseaux très actif, fondé sur le bouche à oreilles. Par son effet, le vaste empire chinois semble ne plus représenter qu'un petit territoire pour les *Guanxi* les plus puissants. Bien qu'il soit toujours possible de faire des affaires fructueuses en Chine en dehors des réseaux, il demeure fortement conseillé d'y recourir quand on en a la possibilité et dans tous les cas, de ne surtout pas minimiser son impact. Le *Guanxi* est un accélérateur de croissance si puissant qu'il serait sage de ne pas s'en priver.

Une chose importante à faire pour créer les conditions d'un succès durable en Chine est d'être patient et de consacrer du temps de qualité à vos interlocuteurs. Se contenter d'offrir quelques présents lors de la première rencontre par exemple puis de croiser les doigts en attendant que la Providence agisse est absolument improductif et risqué. Votre représentant local agira pour vous dans la limite des missions qui lui sont confiées. En fonction de la qualité des relations qui vous lient, il pourra vous parrainer auprès de ses réseaux. Si le réseau entend vous accepter, c'est à vous et en votre présence qu'elle fera sa notification. Nous sommes sur le terrain des relations interpersonnelles, sous-tendues par l'*intuitu personae* qui voudrait que chaque individu soit considéré pour ce qu'il est au fond. Aucun réseau sérieux ne donnera son acceptation en votre absence.

2. Le « *Renji Hexie* » ou l'harmonie interpersonnelle

Pour faire simple, le *Renji Hexie* désigne une forme d'harmonie interpersonnelle. On le considère comme une sorte de liant qui scelle les relations entre les individus. Ce liant est si fort qu'il arrive à éclipser des relations familiales au profit de relations d'amitié. L'amitié dont il s'agit n'est pas quelque chose qui se produit accidentellement au détour d'une rencontre fortuite. Elle résulte d'un véritable travail de construction de la relation, qui peut se faire via des dîners d'affaires suivis ou non de karaoké, des moments de qualité passés ensemble, mais aussi d'échanges de cadeaux. Une délirante soirée de karaoké peut être le point de départ d'un profitable *Renji Hexie*. Gardez ceci à l'esprit et veillez à l'intégrer dans votre business plan. Son application élargira vos possibilités et vos chances.

Pour les non chinois de manière générale, l'harmonie interpersonnelle qu'exige le *Renji Hexie* comme préalable à la réalisation de business rentables en Chine relève presque de l'incongruité. C'est complexe, incompréhensible et rationnellement infondé. Cependant, quand on s'y intéresse de plus près, on s'aperçoit rapidement qu'elle renvoie à une réalité bien plus simple d'accès qu'elle n'en a l'air. Pour peu que l'on soit un tantinet débrouillard, que l'on sache écouter tout en gardant l'esprit ouvert, on est prêt à en connaitre les merveilles. Une autre condition et non des moindre à remplir pour découvrir et profiter des effets, résident dans votre disponibilité : qu'il s'agisse de partager un dîner d'affaires tout en faisant au mieux pour le rendre agréable, votre aptitude à pousser la chansonnette a cappella dans un karaoké et le tour est joué.

De manière générale, tout est question d'attitude et de comportement. Comme on dit en Chine, *« un homme qui ne sourit pas, ne peut pas tenir un commerce »*. Là-bas, mieux que toute autre clé, un sourire franc et honnête doublé d'un comportement respectueux et correct vous ouvriront des portes qui autrement serraient solidement verrouillées. Ce sourire franc et ce comportement correct jouent également un rôle de facilitateur dans la gestion de vos négociations avec les Chinois. Lors de vos prochaines négociations en Chine, vous pouvez pour atténuer l'impact de vos limites en matière de négociation, vous contenter d'être avenant, souriant, et respectueux. Vous donnerez ainsi l'image de quelqu'un en qui on peut faire confiance. S'ils ont confiance en vous, ils seront plus empathiques et donc moins durs avec vous.

Une autre chose très importante à connaître ici est liée aux mots et à l'utilisation que vous en faites. En effet, à l'instar de l'écoute stratégique qui est capitale lorsqu'il est question de comprendre l'interlocuteur, les mots que vous utilisez, leur cohérence et la congruence qui en découle contribue grandement à créer un environnement d'harmonie et de confiance. A contrario, vos interlocuteurs n'oseront pas placer leur confiance en vous s'ils relèvent une incongruence entre vos propos, votre attitude et vos gestes. Ces éléments discrets sont de ceux que les négociateurs chinois rechercheront en tout début de relation dans le but de dresser votre profil et connaître votre personnalité. Vous avez donc tout intérêt à agir en conséquence à cette phase car elle détermine la suite. Il serait bien dommage de rater votre négociation et passer à côté d'une bonne affaire pour si peu. Qu'en dites-vous ?

3. Le « *Shehui Dengji* » ou le statut social

La société chinoise traditionnelle est très hiérarchisée. Une grande importance est accordée au respect de cette structuration sociale. Ce respect de la hiérarchie est l'essence même du *Shehui Dengji* qui sacralise presque, le statut de chaque individu dans ses relations aux autres. En rappelant à chacun la nécessité de bien connaitre sa position, son rang mais aussi ceux des personnes avec qui il est en relation, le *Shehui Dengji* se dresse en barrière contre l'irrespect qui est destructeur des relations interpersonnelles. Le respect de la hiérarchie ne se limitant pas à la vie familiale, rurale ou traditionnelle, vous pourrez y être confronté.

Dans le cadre de vos réunions d'affaires avec des Chinois et au risque de commettre un impair préjudiciable à votre business, vous devez sur un plan purement protocolaire veiller au respect de ce que les juristes nomment le « *parallélisme des formes* ». En d'autres termes, vos équipes de négociations ou vos représentants locaux doivent sur le plan statutaire, être au même niveau que vos homologues chinois. Si le chef de département se déplace côté chinois, vous devez envoyer son équivalent à la rencontre. Un directeur pour rencontrer un directeur et un ingénieur pour un ingénieur. Prenez garde à ne pas mélanger les serviettes et les torchons. Votre business pourrait en souffrir.

Une autre exigence du *Shehui Dengji* s'applique lors de réunions d'affaires ou de négociation. Il s'agit davantage d'une règle de politesse et de courtoisie. Elle consiste à respecter la parole de votre interlocuteur. Aussi longtemps qu'il parle, vous devez l'écouter sans manifester de désinvolture aucune et surtout, sans jamais contredire directement. La réaction sera bien plus sévère si ceci a lieu devant ses collègues ou ses amis. Le pire scénario est de contredire un manager devant ses membres, collaborateurs ou membres de son équipe. Une telle action de votre part est suffisante pour anéantir le fruit de longues semaines de dur labeur.

Pour vous assurer de bien connaitre les personnes que vous rencontrerez et leur statut afin de mieux constituer votre délégation, n'hésitez pas à demander en avance la liste des participants prévus pour la réunion, l'organigramme et le sociogramme de l'entreprise afin de connaitre la position de chacun etc. Si votre équipe de négociation n'est pas structurée hiérarchiquement comme celle de vos homologues chinois, ils pourront considérer cet élément à l'apparence anodine, notamment pour vous, comme un important manque de respect. S'ils viennent avec leur directeur commercial ou leur ingénieur qualité, veillez à inviter des personnes de même statut ou de statut supérieur pour leur donner le change à la hauteur de leurs statuts et fonctions. Le respect de ces règles simples permet de flatter l'ego de vos interlocuteurs et ainsi à les mettre dans de bien meilleures conditions pour agir de manière plus constructive.

L'influence de la pensée de Confucius sur la culture chinoise n'est plus à démontrer. Inspiré par des pensées de ce grand maître, le peuple chinois attache une grande importance au respect de la famille, des personnes et notamment des aînés. Cette influence dépasse les cercles familiaux a largement pénétré le monde chinois des affaires. Elle y tient une place de choix aux yeux des Chinois, à la grande surprise des Occidentaux pour qui elle a souvent été plutôt une incompréhension et un obstacle. On peut toutefois remarquer qu'il s'agit en réalité de valeurs morales derrière lesquelles se cache une intransigeante obligation de ne jamais pousser vos interlocuteurs à perdre la face ou leur image sociale.

4. Le « *Mianzi* » ou le capital social

Lorsque vous traitez avec des fournisseurs chinois, il est important de garder en tête qu'ils ne doivent jamais perdre la face de votre fait. Vous devez toujours agir de manière à leur permettre de sauver la face. S'ils venaient à perdre la face pendant les négociations, y compris pour des faits qui ne vous sont pas directement imputables dans le cadre des échanges en cours, vous pourrez malheureusement en faire quand même les frais. En plus de contrôler vos propos et vos actes, vous devez également être attentif à leur attitude tout au long des échanges.

Toute variation soudaine d'attitude ou de comportement doit vous alerter sur un potentiel malaise. Il y a probablement une atteinte au *Mianzi* qui menace le capital social de votre interlocuteur. Vous devez essayer de savoir ce qui se passe et au besoin, faire preuve d'empathie. En pareille circonstance, n'hésitez pas à proposer une pause pour permettre aux uns et aux autres de respirer et s'aérer. Vous pouvez aussi faire savoir à votre interlocuteur que vous percevez chez lui une montée de stress, d'énervement ou de la colère et aimeriez savoir ce qu'il en est ; ce qui se passe. Ce type de question présente un triple avantage : témoigner de votre empathie, permettre à votre interlocuteur d'exprimer son malaise s'il y en a un et enfin l'aider à purger ses émotions. Ces petites attentions empathiques aident votre interlocuteur à préserver son capital social et ainsi, à rester dans une dynamique favorable à un accord. Dans le monde chinois des affaires, le fait de perdre la face est vu comme un signe d'humiliation suprême. Là-bas, l'existence sociale et la dignité reposent presqu'exclusivement sur deux piliers que sont la réputation et le statut social.

La négociation en Chine est à certains égards, un véritable exercice d'équilibre. Les occasions de faire perdre son sang-froid à votre interlocuteur sont si nombreuses que cela pourrait se produire rapidement si vous n'y prenez garde. Il est de votre responsabilité et dans votre intérêt de tout mettre en œuvre pour que cela ne se produise pas. Vous devez par exemple éviter lors de négociations, toutes les attaques personnelles, tous les manquements aux exigences de respects notamment vis-à-vis de la hiérarchie et des anciens mais aussi tous les agissements pouvant révéler de l'incongruence entre ce que vous dites ou faites et ce que vous prétendez être. Ces erreurs que vous devez absolument éviter sont de nature à déstabiliser votre homologue chinois et à provoquer chez lui de la frustration, de la colère et de l'agressivité. Vous devez donc non seulement éviter les erreurs, mais aussi apprendre à détecter les signaux et alertes chez vos interlocuteurs.

5. Le « *Zhongjian Ren* » ou l'intermédiaire

La négociation est connue comme étant un acte de communication globale. Elle implique les trois principaux modes de communication que sont le verbal en anglais et en mandarin dans notre cas, le para-verbal qui fait largement appel aux intonations et enfin le non-verbal qui fait appel aux mimiques et aux gestes. En ce qui concerne le para-verbal et le non-verbal, l'interprétation et la compréhension se fondent principalement sur les us et coutumes. Votre connaissance de ces éléments culturels et sociaux étant limitée voire nulle, le recours aux services d'un représentant local prend tout son sens ici. C'est tout l'intérêt du *Zhongjian Ren* qui consacre l'intermédiation. Grâce à sa connaissance de la culture et des pratiques commerciales locales, le représentant local agissant comme intermédiaire jouit de la confiance de ses compatriotes, dont il vous fera bénéficier. Il est incontestablement mieux placé que vous, étranger, pour écouter, déchiffrer et analyser et comprendre dans tout son sens, la communication de vos interlocuteurs.

Les spécificités culturelles de la Chine représentent pour de nombreux étrangers, des difficultés dont l'impact sur les négociations et le business n'est plus à démontrer. Nous y reviendrons plus en détail dans la quatrième partie du livre. En attendant, il y a cet antagonisme avec lequel vous devez composer. D'un côté les Chinois qui ont leur propre style de négociation et ne semblent pas prêts le changer. De l'autre les étrangers qui, pour prospérer, ne semblent avoir d'autre choix que d'accepter les nouvelles règles du jeu. Dans une telle configuration, le recours au *Zhongjian Ren* l'intermédiaire, sera de grande utilité.

En Chine, les gens sont par défaut, suspicieux et méfiants à l'égard des étrangers. Les actions en début de relations sont guidées par la prudence, même lorsqu'il s'agit de business. La présence à vos côtés, d'un compatriote chinois, représentant local, constitue une caution suffisante pour qu'ils acceptent de baisser prématurément la garde. C'est un préalable à mise en place de conditions de confiance nécessaires à la marche vers un accord. Ainsi, chaque fois que votre business rend nécessaire et possible l'utilisation des services d'un représentant local, n'hésitez pas. Le représentant local agissant comme intermédiaire au sens du *Zhongjian Ren* dans cette configuration, est bien plus qu'une simple aide en local. Il représente pour votre business un véritable actif productif.

L'intermédiaire dont vous avez besoin peut aussi être votre Guanxi, un ami, un collègue ou un ancien camarade d'école. Chacune de ces personnes peut, en fonction de sa situation, vous faire bénéficier d'un contact ou une relation utile. Les diners d'affaires et les soirées karaoké sont parmi les moyens de mise en relation les plus utilisés. Très souvent, vous passerez par plusieurs autres intermédiaires qui sont autant de passages obligés vers votre véritable cible. Vous n'atteindrez ce dernier à l'issue d'un parcours qui peut être long et au cours duquel vous serez soumis à divers tests pour vérifier votre fiabilité.

6. Le « Zhengti Guannian » ou la pensée holistique

Il existe une logique chinoise qui consiste à tout discuter simultanément et le plus souvent, dans un ordre qui pour les étrangers peut être incompréhensible et très déconcertant. En s'y intéressant de plus près, on se rend vite compte qu'une logique et une forme de pensée certaines se cachent derrière tout ceci et que la perturbation vient du fait qu'elles diffèrent de nos habitudes. Elles sont pourtant bien connues des philosophes et des spécialistes de la communication. Il s'agit d'une forme de pensée dite holistique. Elle a la particularité d'être englobante contrairement à l'occidentale, plutôt linéaire. Cette différence de mode de pensée a souvent été à l'origine de malentendus et de tensions entre Occidentaux et Chinois.

Voici une parabole attribuée à Bouddha qui illustre à merveille les deux modes de pensée. C'est l'histoire d'un roi, un éléphant et six aveugles. Le roi avait invité au palais les aveugles afin de les soumettre à un test devant toute son peuple. Chaque aveugle devait s'approcher de cette chose au centre de l'arène, la toucher et dire ce que cela représentait pour lui. Les aveugles s'approchèrent de l'énorme bête et chacun se saisit d'une partie différente comme on peut voir sur l'image ci-dessous. Puis, se référant très certainement de leurs souvenirs et expériences respectives, visiblement limitée par la cécité dont ils souffraient, ils donnèrent des réponses totalement différentes. Il s'agissait soit d'une lance, d'un serpent, un éventail, un mur, un tronc d'arbre ou une corde. Ils ne purent s'accorder sur une réalité, convaincus qu'ils étaient, chacun en ce qui le concernait, seul dans le vrai. Ils s'accusèrent mutuellement de mensonge et de malhonnêteté et une dispute éclata. N'eurent été les cris de la foule et l'intervention du roi, ils se seraient battus à coups de cannes.

Chaque aveugle aurait eu raison s'ils avaient décrit une défense, une trompe, une oreille, un ventre, une patte ou une queue. Toutefois, c'eut été parcellaire et insuffisant pour décrire la réalité dans son entièreté. Un éléphant n'est pas qu'une défense ou une patte. Nous sommes ici en présence d'un biais de perception qui ne concerne pas que des aveugles. Dans une grande majorité de cas, ce que nous considérons comme vérité n'est bien souvent qu'une perception de la réalité, guidée par notre propre histoire. Contrairement aux apparences, la perception des autres peut être plus proche de la réalité. D'où l'exigence de modestie qui oblige par sagesse, de toujours questionner ses certitudes tout en d'évitant le rejet systématique de celles des autres. Ceci est vrai et utile dans la vie et plus spécifiquement dans les négociations où la confrontation des points de vue est de rigueur.

Six aveugles et un éléphant
Six perceptions de la même réalité (mno)

On voit trop souvent les négociateurs occidentaux, africains ou américains arriver à la table des négociations avec une liste des points à discuter, dans un ordre précis. Pour reprendre notre image, on discutera alors de la défense, la trompe, l'oreille, le ventre, la patte et la queue. La négociation sera réputée close à l'issue de la discussion sur la queue de l'éléphant, considérée comme le dernier point de la check-list. Cette façon de procéder n'est pas celle des Chinois qui seront plus intéressés à discuter de l'éléphant, comme un tout. C'est l'une des raisons pour lesquelles la signature du contrat n'a pas la même signification pour ces négociateurs. Elle marque la fin des négociations et le soulagement pour les uns et, une étape, importante certes, d'un processus qui est loin d'être terminé, pour les autres. Dans ce contexte, le contrat est, à l'image de l'éléphant dans la parabole, une réalité unique que les négociateurs occidentaux et chinois perçoivent différemment.

7. Le « *Jiangjia* » ou le marchandage

En Chine, il est absolument impossible d'imaginer une transaction en l'absence de longues discussions sur différent aspects de son objet. Là-bas, il est quasiment malvenu de se montrer prêt à faire un achat ou de signer un contrat sans au préalable marchander à minima. Un tel comportement peut être considéré comme un signal de négligence ou de manque de consistance. Il n'inspire pas la confiance qui est primordial dans le business. Les Chinois sont profondément convaincus que les discussions, et notamment les *small talks* comme disent nos amis anglo-saxons, sont indispensables à la création du lien de confiance qui est essentiel à toute relation d'affaires. Un pan entier de leur stratégie business repose sur ces discussions dont le cadre peut être le marchandage ou la négociation à proprement parler. Ces discussions constituent de leur point de vue, un excellent moyen pour établir ou obtenir, licitement et loyalement, de meilleures conditions de business.

Un des avantages de ces discussions se situe dans le fait qu'elles donnent aux protagonistes l'occasion de s'observer, de se juger, de jauger leurs capacités et leurs aptitudes respectives en vue de possibles relations futures. C'est la première occasion qui leur est offerte d'évaluer les potentialités d'une collaboration future, intégrant au-delà du business, des intérêts relationnels et sociaux. En Chine, on aime le business, on apprécie les profits et par-dessus tout, on le cadre dans lequel celui-ci se réalise. Les discussions liées au marchandage ou à la négociation permettent de poser les fondements du cadre relationnel. C'est ainsi que systématiquement, est inclue dans les prix affichés, une marge additionnelle dédiée spécialement à la construction de la relation d'affaires. Le camembert ci-dessous fait une illustration grossière certes, mais le but est d'attirer l'attention sur les marges que vous êtes es droit d'aller chercher.

Dans l'intérêt de votre business, il est de votre responsabilité non seulement de ne pas accepter le prix affiché ou la première offre reçue, mais aussi et surtout de trouver des arguments pour les négocier à la baisse. La cible première est évidemment la seule marge de 18%. Mais vous ne devez pas perdre de vu la marge additionnelle de 5% dont le but principal n'est pas simplement d'augmenter les profits du fournisseur. La marge de 5% vous est acquise si vous faites montre d'empathie, d'écoute, de disponibilité à établir une véritable relation d'affaires avec de prometteuses perspectives d'avenir. Il va sans dire que vous aurez tout intérêt à être honnête et sincère. Autrement, votre bluff sera considéré comme une véritable forfaiture et ils saisiront la moindre occasion pour vous faire payer. Prenez garde car l'addition peut être très salée. Vous l'aurez compris, l'ajout de cette marge additionnelle n'est pas une astuce pour maximiser leurs profits et encore moins pour abuser de leurs clients. Il me semble qu'il s'agit davantage de se plier à une exigence culturelle qui voudrait que le marchandage et la négociation soient consubstantiels aux transactions.

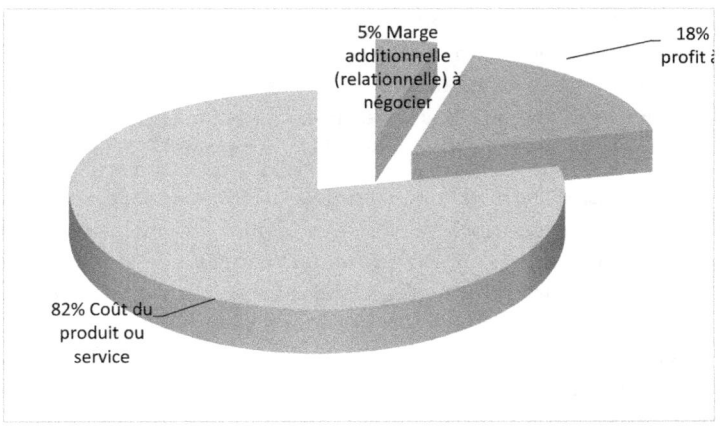

En Chine, les fournisseurs s'attendent à ce que vous rejetiez leur première offre et que vous négociez. Il en va de l'intérêt de votre business, d'agir dans le sens qu'attend votre interlocuteur sur ce point précis afin d'opérer avec lui la transformation de la marge additionnelle en lien relationnel de qualité. Faites-le, c'est important pour eux, et a minima, c'est utile pour votre business. Vous perdrez doublement si vous ne négociez pas du tout. Tout d'abord en ce qui concerne le prix, en l'absence de négociation vous paierez sans doute plus cher. Ensuite, en ce qui concerne la relation d'affaires car vous passerez à côté d'une occasion de nouer une relation commerciale plus riche et plus profitable.

Les personnes qui ont compris ceci, qui négocient et qui le font bien en appliquant les clés traitées dans ce livre, gagnent sur les deux terrains. N'ayez pas peur de négocier car dans cet exercice, il n'y a que des avantages pour vous et votre business. Aussi curieux que cela puissent paraître, une majorité de fournisseurs chinois, en quête de relations d'affaires durables, apprécient davantage les clients qui négocient aux autres. Ils considèrent qu'il y a une réelle satisfaction à batailler, au travers de négociations notamment, pour mériter ce que l'on reçoit. Il me semble que ceci doit être aussi valable pour vous si vous ambitionnez faire du business en Chine. Essayez et vous apprécierez. Vous n'avez rien à perdre.

Les négociations sont si importantes dans la culture chinoise que rien, ni même la signature d'un contrat ne suffisent pour y mettre un terme. Les Chinois, négocient tout et tout le temps. Ils négocient pendant les phases précontractuelles, lors de la signature du contrat mais aussi durant la phase d'exécution. Sur le principe, il s'agit d'une logique différente de l'occidentale. De ce côté, la signature du contrat scelle généralement les accords et met fin aux négociations. Le contrat sous sa forme écrite tel que nous le connaissons à l'Ouest, n'est pas une exigence entre *Guanxi*. Entre membres du même réseau d'affaires, ils se font confiance et la parole est sacrée. Elle y surpasse même l'écrit signé qui est primordial à l'Ouest.

A l'Ouest le contrat écrit et signé est le critère ultime de validation des accords et de clôture des négociations. A l'Est, sans dénier au contrat signé, toute sa force, il est coutume en Chine de considérer celui-ci comme une simple étape dans un processus essentiellement évolutif. C'est pour cette raison, entre autres, que les Chinois n'hésitent pas, même après une signature sans réserves du contrat, à rouvrir des négociations sur des aspects précédemment discutés et validés. Là-bas, seule la clôture du contrat matérialise la fin des obligations des parties et, met fin aux négociations.

En Occident, à la faveur de la théorie des quatre coins entre autres, le contrat est un tout. C'est d'ailleurs ce qui poussé de nombreux négociateurs à précipiter la signature des contrats dans le but de sécuriser des accords souvent durement arrachés. En face, les Chinois privilégient les paiements au contrat. Ils sont davantage motivés à batailler pour obtenir le paiement des prestations que pour signer les contrats.

K5. La patience: « *time is money* »

« Au bout de la patience, il y a le paradis. »

Proverbe africain, anonyme

L'expression *time is money* est bien connue pour rappeler le lien étroit qu'il y a entre le temps et l'argent. En Occident, le sens qui lui est donné découle du modèle économique fondé sur l'échange du temps contre de l'argent. De manière très simpliste, la logique derrière cette expression est évidente. Plus on a du temps, qu'on valorise utilement, plus on a de l'argent. Cette perception encourage à agir de plus en plus vite afin de réduire le temps prévu pour des choses que nous avons à faire. Ainsi, de façon purement mécanique, on s'épargnerait du temps pour réaliser d'autres choses initialement non prévues, faute de temps. Le temps étant de l'argent, tout est fait pour générer plus de temps, pour réaliser plus de choses sans étendre le temps afin de gagner plus d'argent.

La perception occidentale qui par la force de l'habitude est devenue naturelle chez nous, présente pourtant quelques particularités en Chine. Je les ai découvertes en observant les négociateurs chinois. Pour eux aussi, le temps est de l'argent. Toutefois, au lieu de courir comme nous le faisons afin de réaliser de plus en plus de choses dans des laps de temps de plus en plus courts, les négociateurs chinois décélèrent. Ils considèrent qu'il est moins productif et plus risqué de courir. Ce qui ne signifie pas qu'ils préconisent la lenteur ou le retard. Ils pensent qu'il est préférable de prendre du temps pour mieux comprendre et se faire comprendre, puis apprécier ce qui se passe en ayant toutes les cartes en main.

Le temps que prennent les Chinois est nécessaire pour apprécier et analyser les situations en profondeur et prendre les décisions les plus appropriées. Ce temps permet d'établir lorsque les conditions le permettent, le lien de confiance sans lequel il est difficile d'établir des relations d'affaires durables et profitables. Au lieu de courir pour obtenir le maximum de choses et gagner plus d'argent comme le feraient les Occidentaux et les Africains, les Chinois recourent à une attitude qui frise la procrastination. Ils n'hésitent pas à remettre à plus tard la prise d'une décision que vous attendez maintenant parce que, de votre point de vue voire du leur aussi, toutes les conditions requises sont réunies. Cette façon de faire, qui est un mode de fonctionnement très surprenant pour les négociateurs occidentaux, est à mon sens une parfaite stratégie. Elle est pensée et orchestrée à dessein pour se donner le temps de continuer à enquêter sur vous, sur vos véritables motivations et sur la sincérité de vos projets. Pour ces négociateurs chinois, <u>le temps n'est de l'argent que s'il est investi à la création des conditions d'une relation d'affaires durable et profitable</u>.

Lors de vos futurs échanges avec des partenaires, négociateurs ou fournisseurs chinois, ayez à l'esprit cette différence de perception. Pour vous aider à accepter et intégrer la conception chinoise, souvenez-vous que parfois, comme dit le proverbe, *« rien ne sert de courir, il faut partir à point »*. La gestion du facteur temps par les négociateurs chinois est très critiquée des Occidentaux qui les trouvent lents, en particulier quand ils estiment qu'il est temps de conclure la négociation et d'officialiser les accords.

Ce que l'on observe habituellement lors des négociations en Chine peut être assez amusant. En général, alors que les étrangers ont tendance à aller droit au but, à sortir leurs atouts dans une attitude qui frise parfois la confrontation, les Chinois optent pour des stratégies d'évitement et de contournement. C'est du reste l'impression qui se dégage de leur attitude lors de cet exercice. Ceci est une autre divergence de perception à prendre en considération dans vos échanges. La parabole du roi, de l'éléphant et des six aveugles en donne une illustration. Ainsi lors de vos négociations en Chine, ne soyez pas surpris de constater qu'alors que par habitude vous sectionnerez l'éléphant afin de traiter séparément et successivement chacune de ses parties, vos homologues chinois, par habitude également, traiteront de l'animal dans son entièreté. De plus, comme pour vous déstabiliser, ils joueront avec des silences, utiliseront des mots et des expressions à double voire à multiples sens.

Le but est bien sûr de négocier, mais pas comme vous l'imaginez. Les Chinois commenceront bien souvent par tester différents aspects de votre personnalité. N'oubliez pas que là-bas, la relation prime souvent sur le contrat. Ils testeront vos capacités de résilience, votre sérieux et tous autres éléments qu'ils jugeront nécessaire pour vous accorder ou non leur confiance. Ils retarderont aussi longtemps qu'il leur semblera nécessaire, la prise de décision et la conclusion des accords.

Fort de cette sensibilisation aux différences de perceptions et compte tenu du rapport de force qui de manière globale est en faveur des Chinois, il est recommandable d'adapter votre stratégie en conséquence. S'il est conseillé de faire comme les Romains quand on est à Rome, en Chine vous gagnerez à penser et à agir comme les Chinois. Les clés analysées dans ce livre ont pour but de vous permettre de réussir cette prouesse. Utilisez-les adroitement et tout ira bien. Désormais, avec ce livre comme guide de poche, vous entamerez vos négociations avec plus de confiance et de sérénité. Vous arriverez préparé et prêts à gagner leur confiance car vous aurez appris entre autres choses, à penser et à agir comme eux. Vous poserez plusieurs fois et de plusieurs façons les mêmes questions, vous ne serez pas surpris qu'ils reviennent sur des sujets clos et vous n'hésiterez pas à en faire de même. Vous répéterez et leur ferez répéter ce qu'ils disent, encore et encore, quitte à paraître stupide. C'est le jeu et cela peut vous aider.

La négociation est bien souvent une guerre des nerfs et si vous ne vous positionnez pas rapidement comme la personne qui met l'autre sous pression, alors vous serez celle qui subit. Choisissez votre camp ! Quel que soit le camp qui sera le vôtre, vous être un *poker face* et ne jamais faire montre d'impatience ou de nervosité. Comme vous le savez désormais, c'est à dessein que vos interlocuteurs chinois vous mettent à l'épreuve. Ils vous observent et scrutent chacun de vos mouvements, gestes et mimiques. Vous ne devez rien communiquer qui ne soit volontaire car ils exploiteront toutes les failles qui paraitront dans votre stratégie ou dans votre camp.

K6. La notion de compromis en Chine

« L'art du compromis est de savoir comment diviser un gâteau pour que chacun soit convaincu d'avoir la plus grosse part »

Ludwig Erhard, homme politique ouest-allemand (1897-1977)

En Occident, faire des compromis dans la négociation est un moyen de se rapprocher d'un accord. Le compromis peut consister à renoncer à un ou plusieurs éléments de la négociation, librement ou en contrepartie d'équivalents en valeur, en qualité, en quantité ou en temps. En Chine, les choses sont quelque peu différentes. Considérant que les négociations là-bas ne prennent fin qu'à la réalisation des dernières obligations entre les parties, la conception occidentale du compromis peine à y trouver un équivalent véritable. En Chine, on constate assez souvent que les accords ne durent que le temps qu'il faut pour les remettre en question. Dès lors, il devient intéressant pour renforcer la sécurité des accords passés, de se pencher sur ce que pensent les Chinois de la notion de compromis dans les négociations.

Contrairement aux négociateurs occidentaux qui utilisent les compromis pour figer des étapes franchies et permettre d'évoluer vers un accord que consacrera le contrat signé, les négociateurs chinois ne figent pas véritablement les étapes. Puisque dans la négociation ils traitent de l'éléphant et non de ses parties, un compromis sur la trompe, la défense ou la patte peut logiquement être remise en cause par une évolution sur l'ensemble. Heureusement on observe depuis quelques années un bouleversement sur ce point. Le nombre de négociateurs chinois qui acceptent et intègrent la perception occidentale du compromis dans la négociation ne cesse d'augmenter. Ce phénomène est généré et fortement soutenu par l'ouverture du marché chinois aux multinationales occidentales qui s'y installent et embauchent de nombreux chinois qu'elles s'efforcent de former à ses techniques.

En Chine, il convient davantage de parler de concession plutôt que de compromis. La différence entre les deux notions n'est pas toujours évidente mais elle existe. De manière simplifiée, le compromis signifie, notamment pour les Occidentaux et les Africains, de renoncer à une partie des objectifs en contrepartie d'autre chose ou de l'accord. Quant à la concession qui du côté chinois ne semble être que la partie visible d'une stratégie intelligemment pensée, elle consiste à renoncer à des éléments non importants, volontairement ajoutés à la liste des objectifs lors de la phase de préparation, afin de donner l'impression de faire des efforts. Il faut en être conscient afin de ne pas être facilement berné. De votre côté, chaque compromis doit être contre balancé par autre chose et tout doit être fait pour vous mener vers vos attentes en termes de qualité, de coûts et de délais. Le fameux *QCD* qui doit guider chacune de vos décisions pendant les négociations.

Voici en guise de conclusion sur ce chapitre consacré au style chinois de négociation, une parabole attribuée à Confucius. Pressentis pour diriger le futur gouvernement de son pays, il lui était demandé quelle serait sa première décision à un tel poste. « *Je commencerais par définir les noms des choses* ». Ayant remarqué la surprise qu'avait suscitée sa réponse, il poursuivi, « *si les noms des choses ne sont pas correctement définis, les mots ne correspondront pas aux faits. Lorsque les mots ne correspondent pas aux faits, rien ne peut être perfectionné. Lorsque nous ne pouvons rien perfectionner, le droit et la justice ne peuvent pas atteindre leurs objectifs et les gens ne savent donc pas quoi faire. C'est pourquoi un homme sage doit toujours spécifier ce qu'il nomme, car tout ce qu'il peut spécifier, il peut l'exécuter. Un homme sage devrait s'efforcer de toujours être exact dans les mots qu'il utilise* ».

> Il existe un style de négociation propre à la Chine et vous devrez vous en accommoder. La règle est simple, si à Rome il est recommandé de chanter comme les Romains, en Chine vous devrez négocier comme les Chinois.

Chapitre 4. Les indispensables de la négociation

« Il vaut mieux être préparé à une opportunité et ne pas en avoir une que d'avoir une opportunité et ne pas être préparé ».
Whitney M. Young Jr, leader américain des droits civiques (1921-1971)

La négociation est une question de préparation. Si vous voulez réussir vos négociations, vous devez absolument vous soumettre à certains préalables. Il s'agit d'exigences dont vous ne devez sous aucun prétexte vous passer car dans ce domaine, ni la Providence ni la chance ne suffit pour garantir un succès durable. <u>Votre business est trop important pour que vous laissiez le hasard ou la chance décider de son sort.</u> Vous avez mobilisé beaucoup d'énergie, de temps et de l'argent. Vous avez déjà pris ou êtes sur le point de prendre de gros risques. Vous aurez tort de laisser l'impréparation ruiner vos efforts et votre projet. Si vous vous demandez, en lisant ces lignes, en quoi consiste précisément cette préparation, notamment lorsqu'il s'agit de négociation et de Chine, c'est tout à fait normal. Vous n'êtes ni les premiers, ni les seuls. J'ai moi-même été dans cette phase de questionnement et c'est en cherchant les réponses que j'ai rassemblé ces précieux enseignements qui vous feront gagner un temps précieux.

Vous l'aurez compris, l'improvisation hasardeuse, la chance et la Providence ne doivent pas faire partie de votre stratégie de business. Votre stratégie doit principalement se fonder sur l'anticipation, le travail et la préparation. La préparation a le pouvoir d'influencer le hasard et la chance de manière à ce qu'ils ne produisent plus que des effets positifs sur vos activités et sur vous. Le marché chinois offre de très nombreuses opportunités. Vous y avez vos chances, à condition d'être bien préparé car, et c'est bien connu, c'est de la rencontre de la préparation et des opportunités que nait la chance. Préparez-vous et vous gagnerez en confiance. Servez-vous de cette confiance pour aller plus loin dans votre préparation et ainsi, booster vos ambitions. Devenez ambitieux et vous serez surpris de découvrir le pouvoir magnétique que vous pouvez exercer sur la chance, sur les opportunités et sur le succès. Préparez-vous et cessez d'assimiler la chance au hasard. Voici ce que vous devez faire.

K7. Les préalables

« Avant toute chose, la préparation est la clé du succès ».
Alexander Graham Bell, scientifique et inventeur du téléphone (1847-1922)

Les préalables retenus dans la cadre de ce travail sont de trois ordres. Il est important que vous les analysiez en profondeur car une part significative des résultats que vous obtiendrez dans vos négociations dépend directement du degré de connaissance et de compréhension que vous en aurez. Il s'agir de vous, de votre interlocuteur et de l'environnement dans lequel vous évoluez.

1. Vous

Certaines personnes considèrent la préparation à la négociation comme un exercice de collecte d'informations concernant l'autre partie ou concernant le sujet, objet de la négociation. <u>D'autres considèrent, à tort, que le principal objectif de la préparation d'une négociation est de se concentrer sur la meilleure façon de convaincre son interlocuteur</u>. Or, agir de la sorte revient à se tromper partiellement de combat. C'est prendre l'autre pour ce qu'il n'est pas en le considérant comme votre adversaire dans la négociation. L'adversaire dont vous devez prioritairement vous méfier dans toutes vos négociations, c'est vous-même. Tout au long du cycle de négociation, c'est-à-dire de la phase de préparation à la clôture, vous devez faire attention à vous, à vos intuitions, à vos certitudes, à biais de vérité ou de raisonnement.

L'exigence qu'il y a à se méfier des raccourcis mentaux que constituent nos divers biais, se fonde sur une vérité fondamentale : En négociation, il n'y a pas de vérité, il n'y a que des perceptions. Vos intuitions autant que les biais, divers, dont vous êtes sujet, peuvent être trompeurs que les prédictions de charlatans. Pendant tout le temps que dure la négociation, vous devez multiplier les analyses *SWOT* centrées sur votre propre personne afin d'avoir toujours présent à l'esprit, la réalité la plus proche possible de vos forces et vos faiblesses, vos positions et vos objectifs. De cette façon, vous garderez la lucidité et la force nécessaires pour quitter à tout moment et sans regret la table des négociations, s'il devenait impossible de parvenir à un accord satisfaisant. C'est aussi un excellent moyen pour limiter les dégâts dans certaines négociations trop complexes.

A ce stade, vous en savez suffisamment sur la façon d'agir face aux négociateurs chinois. Comme vous le savez maintenant, ils s'intéresseront au business que vous avez l'intention de développer avec eux, mais ils s'intéresseront surtout à vous. La façon dont vous agissez, ce que vous dites et faites seront scrutés et pris en compte dans la réponse qu'ils vous donneront. Souvenez-vous qu'en Chine l'ensemble prime sur la partie. Dans le contexte actuel marqué par des tensions commerciales et économiques entre la Chine et certaines grandes puissances occidentales, il pèse sur toute personne qui ambitionne de pénétrer certains marchés considérés comme sensibles, une plus grande exigence probité et de neutralité.

2. Votre partenaire

Considérant que vous avez maintenant une meilleure compréhension des particularités culturelles qui peuvent impacter vos négociations et votre business avec les chinois, intéressons-nous maintenant à la personne du négociateur chinois. La négociation est un acte de communication globale. Il est alors essentiel de garder à l'esprit cette exigence principale de succès qui consiste à commencer par établir une communication directe, franche et authentique avec la personne qui négocie en face de vous. Pour ce faire, vous devez accorder une attention particulière au message qu'il délivre, aux mots qu'il utilise, à la façon dont il délivre son message. Le but est de capter son message et sa communication dans tous ses aspects. Le langage verbal est aussi utile à la compréhension que le sont le non-verbal et le para-verbal.

Prise dans sa globalité, rien de la communication de votre interlocuteur, ni ce qu'il manifeste, ni ce qu'il montre et encore moins ce qu'il dissimule ne doivent échapper à votre contrôle. Tout ce qu'il manifeste et qui concoure à sa communication doit être capturé. Il s'agit entre autres de ses paroles, ses gestes, ses expressions faciales ou sa posture. Ce sont autant de vecteurs de communication qui, souvent involontaires voire à l'insu de l'interlocuteur lui-même, donnent des informations précieuses sur sa personne et son état d'esprit.

Ces vecteurs de communication sont autant de signaux faibles dont l'utilité pour qui sait les identifier et les interpréter est grande. Chaque fois que vous en apercevrez, rappelez-vous ce qui précède et tâchez de creuser pour comprendre ce que cela cache. Un négociateur chinois peut parfois paraitre peu loquace pendant les négociations mais il ne faut pas s'y méprendre. Une part importante de sa communication est non-verbale. Il est de votre responsabilité de savoir l'identifier et le décoder, seul ou avec leur aide d'un tiers afin d'éviter l'escalade et le blocage.

L'aide de l'agent local, représentant ou interprète, si vous en avez un, peut être très utile ici, notamment pour décoder et comprendre les messages non-verbaux et para verbaux de votre interlocuteur. Mieux vous les comprendrez, plus il vous sera facile d'avancer dans la négociation et ainsi d'aller vers des accords. L'inverse est tout aussi vrai malheureusement. Une aide locale est certes utile mais il ne faut jamais se reposer entièrement sur celle-ci. <u>Dans le business comme dans la vie réelle, il est gravement imprudent de compter exclusivement sur des tiers pour réussir</u>. En dépit de son statut un peu particulier par rapport à votre business, l'agent ou le représentant local, si vous en avez un, doit être considéré aussi comme un prestataire ou un fournisseur.

3. L'environnement juridique des affaires

Après avoir discuté des différentes composantes de l'environnement chinois, à savoir (i) les personnes et la culture, (ii) les marchés et les lois qui les régissent, intéressons-nous maintenant au système juridique applicable au monde chinois des affaires. Il s'agit d'un vaste échiquier comprenant les règles de l'**OMC**, organisation que la Chine a intégré le 11 décembre 2001 après de longues années de difficiles négociations, les règles découlant des accords bilatéraux et multilatéraux ou d'autres organisations internationales, mais aussi les lois nationales chinoises. Nous arrêterons l'inventaire à ce point car l'intention ici n'est pas de fournir un cours de droit international des affaires dédié à la Chine. De nombreux détails sur ce point sont fournis en K18 plus bas. Pour l'instant, disons que toute personne désireuse de se lancer dans cette aventure, doit en tout temps garder à l'esprit la nécessité de se plier aux exigences d'une rigoureuse diligence raisonnable. Il en va de sa tranquillité personnelle et de la sécurité de son business.

Un autre élément important à prendre en considération dans votre évaluation de l'environnement des affaires est la concurrence. Comment celle-ci impacte le marché et quelles incidences cela peut avoir sur votre propre business ? N'hésitez pas à retourner au point 2 du K2 pour relire les détails relatifs à la concurrence. Signalons simplement pour terminer sur ce point que la réalité et l'impact de la concurrence ne sont pas les mêmes pour les petites entreprises que pour les grandes. Les grandes privilégieront souvent des accords de partenariats aux relations quasi conflictuelles qu'engendrent la concurrence. C'était le choix de

Huawei quand il s'est associé à Google, avant que l'administration Trump n'en décide autrement.

K8. La stratégie gagnant-gagnant

« Se réunir est un début, rester ensemble est un progrès, travailler ensemble est un succès ».

Henry Ford, entrepreneur et inventeur américain (1863-1947)

Dans leurs travaux sur la négociation, les experts de la méthode d'Harvard ont identifié deux principaux profils de négociateurs : le distributif et l'intégratif. Le profil distributif est celui du négociateur qui ne se préoccupe pas de son interlocuteur. Il a un seul objectif dans la négociation ; gagner quoi qu'il en coûte. Il n'hésitera pas à vous écraser, vous humilier voire vous menacer pour que vous cédiez. Pour ce type de négociateur, vous n'existez que parce qu'il doit passer par vous pour obtenir ce qu'il veut. Il est facile de les reconnaitre. Généralement ils arrivent en salle de négociation avec un air hautain voire dédaigneux. La poitrine bombée, ils vous regardent de haut et ont une rhétorique guerrière. Ils posent des ultimatums, vous coupent la parole, exigent des concessions et refusent tout compromis.

Face à ce type de négociateur, vous ne devez surtout pas paniquer. Leur principale faiblesse est leur incapacité à supporter l'indifférence de l'interlocuteur à leur menace. Face à eux, vous ne devez ni rentrer dans leur jeu, ni céder à leurs menaces et encore moins reculer en faisant des concessions sans contrepartie. Tout au contraire, vous devez rester calme et laisser passer l'ouragan. Vous devez garder votre sang froid et leur opposer une résistance silencieuse. Ils se rendront rapidement compte que leurs agissements, qu'il s'agisse de bluff ou non, n'a pas de prise sur vous. C'est le début du retour du boumerang. La peur qu'ils espéraient générer chez vous vient de s'emparer d'eux. Ils perdent progressivement leurs moyens et bientôt, ils seront totalement à votre merci. Mais vous n'abuserez pas de la situation car nul ne sait ce que nous réserve l'avenir.

Le second profil de négociateur identifié par les experts de la méthode d'Harvard est l'intégratif. Celui-ci est conscient que, comme lui, vous avez des besoins à satisfaire à travers la négociation qui a lieu entre vous. Le négociateur intégratif considère que votre réussite dans la négociation conditionne la sienne.

Contrairement au Distributif, le négociateur Intégratif considèrera toujours légitime votre désir de réussite. Il agira en tenant compte de cela et je vous encourage à en faire de même. Faites-le car le négociateur chinois peut, s'il sent des relents de fourberie chez vous, être très dur et agir sans se soucier de vos intérêts. Dans vos relations d'affaires avec les fournisseurs chinois, le rapport de forces sera rarement en votre faveur, en particulier lorsque vous agissez pour votre compte personnel ou pour le compte d'une petite **PME**. Au-delà de ces considérations et de manière générale, le profil intégratif est celui qui présente le plus d'avantages. Il est un pilier majeur des négociations gagnant-gagnant.

Voici un proverbe africain plein de sagesses, qui illustre joliment la quintessence des négociations gagnant-gagnant. *« Seul on va vite, ensemble on va loin »*. Une des sagesses à en tirer est la suivante : vous gagnerez beaucoup et plus longtemps en aidant les autres à réussir plutôt qu'en essayant de façon égoïste à réussir tout seul. Cette sagesse de la vie s'applique à merveille au monde des affaires. Les personnes à succès comme les entrepreneurs qui réussissent ont en commun de consacrer beaucoup d'énergie à développer les relations avec les autres. Pour les entreprises, l'importance de telles relations est désormais telle qu'il n'est plus surprenant de les intégrer aux actifs productifs. Quelle structure viable et prospère peut aujourd'hui se vanter de se passer des autres ? Je n'en connais pas.

Si vous visez le succès, vous devez vous arranger pour donner à vos activités avec vos équipes, vos fournisseurs ou vos partenaires commerciaux, une organisation en mode équipe. Mais ce n'est pas tout. Vous devez ensuite œuvrer au développement et à la diffusion au sein du groupe, de cet esprit qui pousse chaque membre à agir pour tous, dans une seule et même direction. Ceci n'est pas une aventure facile et, si vous êtes l'instigateur, vous devez être prêt à affronter les réticences inhérentes à la nature inhabituelle de ce type de relation d'affaires.

Par nature, les individus comme les entreprises ont une grande tendance à vouloir évoluer en cavalier solitaire. Les freins à une telle organisation ne doivent pas être, en particulier lorsque des entités étrangères, chinoises pour ne pas les nommer, en font partie. Nous avons longuement évoqué les difficultés qu'il y avait à concilier des pratiques commerciales distinctes, par ailleurs sous-tendues par des pratiques culturelles profondément différentes. Il y a pourtant un gros intérêt à travailler en équipe et vous êtes encouragé à faire de votre mieux pour y arriver. Ce n'est pas une mince affaire et cela exige de vous une détermination profonde, du temps et beaucoup d'énergie. Vous n'y parviendrez qu'au prix du courage, de la patience et d'un grand sens du relationnel.

Le sens du relationnel est essentiel pour réussir en Chine. Il implique la confiance, la loyauté et l'engagement qui, davantage qu'un contrat même signé ou des finances importantes, vous ouvriront les portent là-bas. Le propos ici n'est pas de décrédibiliser le contrat, cet outil efficace auquel l'Occident tient tant. Vous n'êtes pas chinois, vous n'êtes pas un *Guanxi*, alors votre contrat est, au moins pour ces raisons, votre sécurité. Toutefois, quel que soit le fondement de votre relation d'affaires en Chine, vous gagnerez à promouvoir des solutions gagnantes pour toutes les parties. Souvenez-vous que le succès de votre interlocuteur détermine le vôtre. Aidez-le à satisfaire ses besoins et il sera plus enclin à vous accompagner à son tour. Si d'aventure c'est lui qui prenait les devants en vous permettant d'obtenir ce que vous attendiez de la négociation avec lui, pensez à lui renvoyer l'ascenseur. Dans le cas contraire, au mieux vous échouerez dans votre négociation. La situation peut même se dégrader si le négociateur chinois a le sentiment que vous avez trahi sa confiance. Il peut alors devenir très dur et impitoyable avec vous. Les personnes qui ont été confrontées à une telle situation en gardent longtemps le souvenir. C'est une situation qui peut être désastreuse pour vous et votre business. Faites-en sorte qu'elle ne se produise pas.

La stratégie gagnant-gagnant est véritablement ce qu'il y a de mieux pour vous dans cet environnement. Pour permettre de bien cerner sa portée et son utilité tout en évitant toute confusion, rappelons que la stratégie gagnant-gagnant n'est pas synonyme de partage égalitaire. Elle se rapproche davantage de l'équité que de l'égalité. Il n'est pas question de se répartir les retombées de la négociation en parts égales. <u>La stratégie gagnant-gagnant invite simplement chacune des parties à la négociation à agir au mieux pour aider l'autre à atteindre ses objectifs légitimes.</u> Pour votre business en Chine, il y a plus à gagner avec la stratégie gagnant-gagnant qu'avec toute autre stratégie.

K9. Autres astuces utiles

« Quand il n'y a plus rien à dire, il est peut-être temps de sourire »

Proverbe africain, anonyme

L'essentiel des astuces dont il sera question ici se rapportent à vous, à votre attitude, votre façon d'être et de vous comporter vis-à-vis de vos interlocuteurs. Nous en traiterons trois : la « *zen-attitude* », l'objectivité et le respect.

1. La « *zen-attitude* »

L'exigence ici est de faire au mieux pour ne jamais gérer les négociations avec précipitation. Certes les circonstances vous contraindront quelques fois à accélérer le mouvement. Tout ceci est normal et acceptable tant que vous gardez le contrôle sur le rythme et sur ce qui se passe. Le problème se pose dès lors vous commencez à aller plus vite que la musique ou lorsque tout porte à croire que vous confondez vitesse et précipitation. Les négociateurs chinois n'apprécieront pas que vous les acculiez en les poussant à agir plus vite qu'ils ne le souhaitent. Ils aiment prendre le temps pour bien faire les choses car comme dit ce proverbe bien de chez eux, « *avec le temps, l'herbe devient du lait* ».

En agissant avec précipitation, vous vous privez du lait qui est un produit hautement plus précieux que l'herbe dont il découle. En agissant avec précipitation, vous donnerez à votre interlocuteur chinois l'image de quelqu'un qui veut dissimuler quelque chose. Ils vous trouveront suspect et leurs mécanismes naturels de protection et de défense se mettront en alerte. Ce qui a pour conséquence de réduire le degré de confiance et de faire trainer plus longtemps encore les négociations. Vous risquerez alors de perdre patience, de perdre vos nerfs et de commettre des impairs tels la colère, l'agressivité ou l'irrespect qui vous seront très préjudiciables. Ces impairs qui sont susceptibles de porter atteinte à la dignité sociale de vos interlocuteurs sont des plus impardonnables. Prenez gardez-vous car le prix à payer peut être très élevé pour votre business.

La perte de votre sang-froid aura comme autre conséquence de vous rendre nerveux, de vous déconcentrer et de vous pousser à prendre de mauvaises décisions. Avant d'aller en négociation avec les chinois, assurez-vous d'avoir beaucoup de temps et entrainez-vous à maitriser vos nerfs. Pendant tout le temps de la négociation, le *poker-face* et la *zen-attitude* doivent être vos principaux alliés.

Les négociateurs chinois sont expérimentés et très rusés. Ils sauront rapidement détecter les moments où vous serez en proie à la colère, à la nervosité ou au stress. Ils savent aussi qu'il s'agit de moments de faiblesse et de vulnérabilité pendant lesquels vous n'avez plus le total contrôle de vos émotions. Votre sort dépend désormais, en très grande partie, de leur bon vouloir. Vous serez alors puni ou récompensé en fonction du comportement que vous aurez montré depuis le début des négociations. S'ils considèrent que vous avez été dans une stratégie de négociation distributive et que vous n'avez rien fait qui aille dans le sens de la construction d'une relation sincère, solide et durable, ils tireront le maximum de la relation et y mettront un terme, souvent sans aucune forme de ménagement. Vous subirez alors les affres de la théorie dite des jeux.

La théorie des jeux en négociation est très distributive. Elle se fonde sur une logique du chacun pour soi dans laquelle, chaque négociateur agit exclusivement pour ses intérêts, sans se soucier du sort de son interlocuteur. Dans votre cas, en situation de faiblesse, vous n'aurez aucune chance. Tout ce qu'ils gagneront, vous perdrez. Le négociateur chinois agira de façon revancharde et ne sera pas tendre avec vous. Il adoptera une attitude hautaine, méprisante et très déconcertante pour vous. Ceci vous stressera, vous fera perdre confiance en vous et vous empêchera de réfléchir sereinement à la recherche de solutions intéressantes. La prudence recommande d'anticiper ces moments afin de vous préparer aux meilleures techniques d'évitement. Soit vous avez la maitrise de vos nerfs et de la situation et tout se passe bien, soit vous l'avez perdu et les choses prennent une tournure indésirable. Une bonne préparation vous permettra à ce stade de garder vous reste à ce stade, au moins deux cartes. Agissant toutes deux sous la bannière de la BATNA, elles vous invitent soit à battre dignement en retraite, soit à brandir une alternative.

Si du fait de la pression qu'induit votre empressement le interlocuteur chinois devait se retrouver en situation de perdre la face, vous devez vous attendre à d'autres conséquences plus graves. La perte de la face en Chine est une humiliation suprême dont vous gagnerez à ne jamais être à l'origine. Les conséquences d'une telle méprise peuvent être pires que celles d'un mauvais investissement. En Chine, la dignité de tout individu est une composante essentielle de son existence sociale. De ce fait, la perte sa dignité revient quasiment perdre sa place dans la société. La perte de son existence sociale, même pendant un court laps de temps est quelque chose de grave et d'insupportable.

Si par une faute qui vous ai imputable, que celle-ci ait été commise volontairement ou non, votre interlocuteur se retrouve dans une situation de stress important et susceptible de lui faire perdre la face, il essayera du mieux qu'il pourra, de le dissimuler pour rester digne. Mais il vous le fera payer. Il préférera par-dessus tout, masquer sa souffrance plutôt que d'afficher cette intimité qui là-bas est vue comme une faiblesse. Le faire équivaudrait à s'auto-flageller voire se faire hara-kiri. Pour s'assurer de ne pas passer à côté d'une souffrance qui couve et qui va vous éclabousser en explosant, vous devez apprendre à les détecter. Il y a toujours des signes avant-coureurs et des signaux faibles qui sont autant de marqueurs de stress et gênes. Vous devez apprendre à le détecter et vous former à la façon de les désamorcer en douceur.

Des techniques simples et accessibles à tous permettent d'analyser et de comprendre votre interlocuteur, puis d'établir sa ligne de référence comportementale et psychologique encore appelé *base line*. Il s'agit d'une ligne imaginaire qui indique l'état comportementale et psychologique normal de la personne en face de vous. Il est conseillé de procéder à une sorte de scanner comportemental d'entrée de jeu afin de vous faire une idée à peu près précise de sa *base line*. De manière simple et par des questions simples du type, comment allez-vous ? Comptez-vous prendre des vacances bientôt ? Ou encore comment gérez-vous au quotidien le confinement en famille ? En observant le comportement de votre interlocuteur lors de cet échange, vous devez être en mesure de vous faire une idée de sa *base line*, son état comportemental et psychologique normal. Celle-ci doit alors vous servir de référence tout au long de la négociation et tout écart doit vous alerter sur un possible malaise.

Aucun signal même faible ne doit être traité à la légère. Souvenez-vous que c'est goutte à goutte que le seau d'eau se remplit. Il vaut mieux se tromper par excès de prudence que risquer une explosion de colère pour un signal pris à la légère. Agissez avec empathie et faites-le avant qu'il ne soit tard. N'hésitez pas à proposer des pauses voire même à demander l'ajournement de certains points de l'agenda qui génèrent des tensions afin de permettre aux interlocuteurs qui seraient mal à l'aise pour les aborder, de s'aérer, de se changer les idées et ainsi de retrouver leur *base line* normale. Accompagnez-les sincèrement à la ventilation de leurs émotions en les encourageant par des moyens subtiles à verbaliser leurs inquiétudes et leurs malaises.

Un moyen simple d'appliquer cette technique de ventilation des émotions serait par exemple de vous adresser à lui disant : *« je perçois chez une soudaine gêne et peut-être un inconfort. Pouvez-vous m'en parler ? »*. Il suffira parfois aux gens de mette des mots sur leurs souffrances pour qu'elles s'évaporent. Si vous y arrivez et que votre interlocuteur retrouve la sérénité et la confiance, il devrait se remettre à table avec plus de confiance quant à la qualité des décisions qu'il pourra prendre, et donc rassuré par rapport à l'issue des négociations.

2. L'objectivité et le respect

Un dicton attribué à Confucius rappelle que, *« lorsque les mots perdent leur sens, les gens perdent leur liberté »*. La cohérence des mots et leur fiabilité constituent des piliers du style chinois de négociation. Pour mettre de votre côté le maximum de chances de succès dans votre business en Chine, vous devez agir en congruence. Ceci signifie que dans vos échanges, vous serez observé et il est crucial que vos paroles, votre attitude et votre comportement soient en permanence alignés. En outre, il est important que adoptiez et gardiez en tout temps, la *positive attitude*. Elle donnera de vous l'image du gendre idéal, celui à qui les négociateurs chinois accorderont volontiers leur confiance.

En tant qu'étranger en Chine, il est important de bien se tenir car vous serez observé et filmé partout et tout le temps. Les toilettes de votre chambre d'hôtel sont peut-être le seul endroit où vous êtes hors du champ d'une caméra de vidéo-surveillance. Disons au risque d'être taxé de naïf que tout ce dispositif est prévu pour votre protection et votre sécurité. C'est la réalité et vous n'y pouvez rien ; vous pouvez, je dirai même que vous devez sourire. Vous présenterez alors la meilleure version de votre visage, même si le fait de sourire en permanence n'est pas naturel pour vous. Gardez le sourire et faites attention à ce que vous faites ou dites car en négociation comme dans la vie réelle, vos paroles, vos actes et votre attitude peuvent être retenus contre vous.

Quelques semaines avant les restrictions de voyage liées à la Covid-19, je négociais dans un magasin de jouets pour enfants quand j'ai découvert que toute la discussion avait été filmée et enregistrée. En effet, en réponse à ma tentative de bluff, la commerçante m'avait montré sur son téléphone portable la vidéo de nos discussions comme preuve pour me confondre. Tout y était. Je réalisai alors qu'à mon insu et sans mon consentement, mon image et tout ce que j'avais fait et dit dans ce magasin depuis presqu'une heure avaient soigneusement été enregistrés. Remarquant mon étonnement face à cette inimaginable découverte, la commerçante tenta tant bien que mal de me rassurer. En réalité, elle s'en moquait car d'après elle, la pratique était normale et courante dans tous les magasins du marché, sans exception. Elle ajouta comme pour me rassurer que je n'avais pas à m'inquiéter car tout serait automatiquement effacé à la fin de chaque journée. Evidement je ne devais pas être présent pour vérifier. Je venais alors de prendre conscience, après de nombreux voyages d'affaires en Chine pendant plusieurs années, que j'ai toujours été filmé et enregistré. Il y aura dans vos négociations en Chine, des choses sur lesquelles vous pourrez agir telle la patience, le sourire, l'empathie et d'autres qui échappent totalement à votre contrôle. Faites votre part et faites-le bien. Vous en serez récompensé.

> Certaines personnes considèrent la préparation à la négociation comme un exercice de collecte d'informations concernant l'interlocuteur.
>
> D'autres la considèrent, à tort, comme le fait de se concentrer sur la meilleure façon de convaincre l'interlocuteur.

Chapitre 5. Des protocoles culturels utiles

« Si vous connaissez l'ennemi et que vous vous connaissez vous-même, vous ne devez pas craindre le résultat de cent batailles. »

Sun Tzu dans L'art de la guerre (5è–6è siècle av JC)

Une caractéristique de l'environnement chinois des affaires est le lien très étroit qui existe entre les négociations et le business d'une part, la culture d'autre part. Vos chances de succès en Chine tiennent donc largement à votre degré de connaissance et d'intégration de cette culture locale qui diffère fondamentalement de tout ce que vous connaissez. Vous ne pourrez évidemment pas tout connaître et de toute façon, cela n'est pas nécessaire. En revanche, il y a dans cette culture des indispensables dont vous ne saurez faire l'économie. Ils ont traités dans ce livre.

La très ancienne culture chinoise continue d'opposer une forte résistance aux velléités de changement, en particulier celles qui viennent de l'extérieur. On observe tout de même des frémissements impulsés par la mondialisation des économies qui, par le truchement d'une très forte utilisation d'Internet et des médias sociaux, modifie les habitudes de consommation. Ceci s'observe particulièrement dans les grandes villes comme Pékin, Shanghai, Shenzhen ou Canton. Si elle se poursuit, l'intensification de ce mouvement devrait à terme faciliter les choses aux étrangers désireux de faire du business an Chine. Pour l'heure, il ne s'agit que d'un doux rêve car les autorités chinoises veillent. Les plus optimistes peuvent continuer de caresser l'espoir que cela se produise, mais à l'évidence, le grand bouleversement en Chine n'est pas pour demain. Il va falloir être réaliste, prendre son mal en patience et faire ce qu'il y a de mieux à faire : se préparer pour réussir à s'adapter plus facilement à leur mode de fonctionnement et à leur style de négociation.

K10. Les 4P de la négociation

« Le succès dépend de la préparation, et sans cette préparation, il y aura certainement un échec. »

Confucius, le philosophe chinois (5è-6è siècle av. JC)

En complément des prérequis analysés en K7, l'accent est maintenant mis sur des erreurs souvent commises lors de la préparation des négociations. Le but dès lors est d'attirer votre attention sur ces erreurs, de vous orienter vers de possibles solutions afin de vous éviter de couteuses déconvenues. Priorité a été donnée aux solutions simples, efficaces et faciles à appliquer. Avant de s'y intéresser, une précision sur le sens même de la préparation en négociation s'impose.

Pour une majorité de personnes, préparer une négociation revient à établir une check-list rassemblant principalement des questions ou des vérifications relatives à l'autre partie. Vous devez être conscient et le reconnaître, vous êtes votre premier adversaire dans les négociations. Une check-list est bien et même recommandée en négociation. Toutefois, elle n'est véritablement utile que si elle s'intéresse prioritairement à vous. Ensuite, une fois établie et validée, elle doit devenir votre guide et votre support tout au long de la négociation. Elle peut être amendée en cours de négociation mais ne doit en aucun cas servir de pièce de décoration.

A l'instar des pilotes d'avions, vous ne devez jamais vous lancer sans au préalable l'avoir passée en revue, point par point, seul ou avec votre équipe. Pour ce qui est de son contenu, votre check-list doit a minima reposer sur quatre grands piliers que j'ai nommé les 4P de la négociation. Il s'agit du problème objet de la négociation (P1), des personnes impliquées dans celle-ci (P2), de la psychologie de tous les acteurs (P3) et du processus de négociation (P4).

P1 - le problème : il représente le sujet justifiant l'ouverture des négociations. Pour être traité efficacement, il est important pour toutes les parties qu'il soit défini de façon claire et précise. C'est la condition pour éviter toutes interprétations divergentes, sources d'erreurs et de confusions. Ce n'est qu'en en ayant une exacte connaissance que chacune des parties saura affuter ses meilleures armes et préparer ses idées de manière à les présenter et les défendre efficacement. S'il vous échoit la charge de la définition du problème, souvenez-vous de cette jolie phrase de Nicolas Boileau : *« tout ce qui se conçoit bien, s'énonce clairement, et les mots pour le dire arrivent aisément ».*

La validité de vos positions ainsi que l'efficacité de votre stratégie comme celles de l'autre partie dépendent fondamentalement du niveau de clarté du problème posé. Plus il est clair, mieux on le comprend. L'exigence de clarté concernant le problème pèse certes sur la personne qui le pose, mais elle n'épargne pas les autres parties à la négociation. Elle impose à ces dernières l'obligation de se poser, de prendre du recul et de s'assurer d'en avoir une bonne et complète compréhension. L'improvisation comme le fait d'entamer des négociations avec des idées vagues qu'on espère corriger par la suite, en fonction des tournures, sont des erreurs que vous devez éviter. Vous devez prendre le temps d'analyser et de comprendre puis, ne vous lancer que lorsque vous êtes prêts.

P2 - les personnes : Il s'agit principalement dans le cadre de ce livre, des négociateurs chinois qui sont vos interlocuteurs, et de vous. Avant de les rencontrer, vous devez en amont mener votre petite enquête pour connaitre le nombre et le nom des personnes qui seront présentes à la réunion de négociation, le statut social et hiérarchique de chacun, son rôle dans la négociation. Demandez-leur un organigramme, un sociogramme et un agenda précis. Si possible, prenez en charge la préparation de l'agenda ; cela présente de nombreux avantage. Intéressez-vous véritablement à eux, chercher à connaître qui influence qui et qui décide. Toutes ces informations sont autant d'éléments à prendre en compte dans l'élaboration de votre stratégie.

Pendant la réunion de négociation, efforcez-vous d'appeler chacun par son nom. C'est une courtoisie très appréciée en Chine, qui ne sera pourtant pas facile pour vous. En fait, les Chinois viennent généralement en nombre aux réunions. En dehors des négociations directes sur le marché ou dans les boutiques, aucune des mes nombreuses réunions de négociation en Chine ne s'est déroulée en face-to-face. Même lorsque j'étais seul de mon côté à assister à la réunion, je n'ai pas souvenir d'avoir terminé une réunion en Chine sans avoir discuté avec moins de dix personnes. Soit ils sont tous présents du début à la fin de la réunion, ce qui est rare ; soit ils arrivent par vagues en fonction des sujets et se retirent une fois le point clarifié. Ce mode particulier et nouveau de gestion des réunions diffère probablement de ce que vous connaissez. Vous devez alors vous y préparer car il peut se révéler très incommodant et générateur de stress.

De votre côté, vous serez parfois amené à constituer des équipes de négociation. Il va sans dire que vous ne devez intégrer à l'équipe que des personnes qui y ont véritablement un rôle à jouer. Les premiers critères de sélection doivent être l'efficacité et l'aptitude à travailler en équipe. Le critère d'efficacité implique que les personnes concernées soient motivées et qu'elles partagent votre vision et vos objectifs. Si vous voulez bâtir une équipe digne de présenter et défendre avec mérite vos intérêts en Chine, vous devez exclure des critères de sélection, le copinage et le désir de villégiature. Bien sûr il s'agit de la Chine et c'est exotique. Bien sûr votre équipe et vous pourrez vous permettre des visites et un peu de loisirs. Mais vous ne devez jamais oublier l'objet et la raison de votre présence en Chine. Toute forme de divertissement, visite, ou shopping pendant le séjour en Chine doit être un bonus récompensant le travail effectué. Elle ne doit sous aucun prétexte prendre le pas sur le business qui vous a conduit en Chine.

<u>Dans la vie comme dans vos négociations, seul vous irez sans doute plus vite mais rien ne garantit que vous arriviez à bon port. Entourez-vous de personnes motivées, faites appel à d'autres compétences pour créer l'esprit maître évoqué par Napoléon Hill son livre sur les lois du succès et vous irez surement plus loin.</u> Dans toutes vos entreprises, votre succès dépendra largement de la façon dont vous êtes ou n'êtes pas entouré, puis de la compétence, la confiance et la fidélité des personnes qui vous entourent. Si vous devez être entouré, assurez-vous de l'être par des personnes qui vous inspirent et vous motivent. Autrement, préférez la solitude. Ne dit-on pas qu'il vaut mieux être seul que mal accompagné ?

Sauf contre-indication justifiée dans l'intérêt de votre business, toute aide efficace doit être accueillie avec bienveillance. Il y a ce proverbe africain qui dit *« qu'une main ne peut pas attacher un paquet »*. Si la main tendue dispose de la dextérité, acceptez-la. Il ne s'agit pas d'intégrer à votre équipe des personnes que vous voyez comme des petites mains à qui vous allez dicter ce qu'ils doivent faire. Il s'agit au contraire de trouver des personnes qui, fort de leur compétence et leur expertise sur tel ou tel aspect de la négociation en cours, vont vous dire ce que vous devez faire.

P3 - la psychologie : elle renvoie à l'état d'esprit des personnes impliquées dans la négociation. Celui de vos interlocuteurs mais aussi le vôtre. Comme le rappelle si bien Robert Kiyosaky, l'auteur du best-seller **Père riche, père pauvre**, *« devenir riche commence par le bon état d'esprit, les bons mots et le bon plan »*. L'attention que vous devez porter à votre état d'esprit, à celui des membres de votre équipe et celui des membres de l'équipe d'en face doit être permanente. Vous devez la maintenir tout au long du cycle de vie de la négociation : dès la phase de préparation, pendant la négociation proprement dite et même après, lorsque vient le moment du débriefing. Divers autres aspects relatifs à ce point ont déjà été traités en K4 et K9. N'hésitez pas à vous y reporter.

P4 - le processus : l'analyse et la compréhension de la notion de processus en négociation implique de s'intéresser au déroulement de chaque étape de la négociation. Il s'agit notamment de la préparation de l'ordre du jour, le choix du lieu et des locaux, la définition de la liste des documents nécessaires et le nombre de round. A ce stade, si l'occasion vous est donnée de prendre en charge la préparation de l'agenda, acceptez-le et faites en sorte de garder cette tâche. Elle vous confère des avantages non négligeables tels que le choix de l'ordre de passage des sujets et le temps alloué à chacun d'eux, la désignation du lieu de rencontre, le choix et l'organisation de la salle de réunion etc.

Si ce privilège échoit à l'équipe d'en face, vous devez prendre vos dispositions pour recevoir à l'avance le maximum d'informations sur le(s) lieu(x) où se déroulera la négociation, les sujets à discuter ainsi que l'ordre de passage, les documents à prévoir et l'identité des personnes qui y prendront part. En ce qui concerne les documents, s'il est prévu qu'ils soient revus et discutés pendant la rencontre, assurez-vous sauf contre-indication pour raison de confidentialité, de les communiquer à l'avance. Ensuite, ramenez au moins autant de copies que de personnes annoncées. Les Chinois sont généralement très nombreux à ce type de rencontre, renseignez-vous sur leur nombre. Compte tenu des disparités de niveaux d'anglais, il sera toujours apprécié que vous prévoyiez quelques exemplaires desdits documents, traduits en mandarin. Sous réserve de budget, n'hésitez pas à solliciter l'aide de votre représentant local sur ce point. L'implication de ce dernier ne sera optimale que s'il est lui aussi informé à l'avance de tout ce qui sera discuté.

Outre ce qui précède et afin de s'assurer de négocier dans de bonnes conditions, il est important dans la préparation de l'agenda, de considérer deux autres choses :

- Éviter les périodes de fermeture, les jours fériés et en particulier le Nouvel An chinois,

- Convenir à l'avance avec votre interlocuteur chinois,

- des étapes de votre voyage d'affaires en Chine avec leur durée respectives,

- des lieux de rencontre et l'heure exacte de début des discussions. Inutile de rappeler que tout retard à une telle réunion est mal vu car considéré comme un manque de respect. Attention, les restaurants et karaoké-bar ne figureront jamais dans la liste des lieux retenus dans l'agenda. Or, il n'est pas rare que des discussions faisant partie intégrante des négociations en cours s'y poursuivent. Il arrivera même que des accords y soient convenus. Souvenez-vous qu'en Chine, tout ce que vous faites et surtout ce que vous dites peut être retenu contre vous. Votre attitude et vos propos lors de diners d'affaires ou de soirée karaoké peuvent mettre à mal des accords durement acquis,

- de la liste de participants ainsi que leurs noms et prénoms, leur fonction, leur titre ou leur statut.

A ces préalables, il convient d'ajouter ces autres informations utiles, à connaitre et à appliquer pendant les réunions de négociations.

- A moins de ne pas avoir d'alternative, vous devez respecter les moments de silence qui s'installeront de temps à autres pendant les négociations ;

- Faites attention à l'ordre dans lequel vos interlocuteurs arrivent dans la salle de négociation. Généralement, ce sera dans l'ordre hiérarchique : le directeur, le manager, le chef d'équipe etc. Ceci vous donne des indications sur leurs identités et leurs statuts. Il peut être intéressant, par courtoisie de faire de même,

- Soyez prêt à jouer les prolongations. La patience est le maître mot car il arrivera que vos interlocuteurs chinois tirent sur les heures et tardent à conclure, y compris lorsque tous les points de l'agenda ont été discutés. Ils agiront ainsi soit par simple habitude, soit dans le but de continuer à vous mettre à l'épreuve avec l'espoir, à l'usure, d'obtenir plus de concessions de votre part,

- Prenez le contrôle de vos émotions et vos intuitions. Gardez-vous de céder aux sentiments et actes négatifs tels la colère, l'agressivité et le stress. Ils se retourneront rapidement contre vous,

- Prévoyez suffisamment de cartes de visite et pliez-vous au protocole. N'hésitez pas à copier sur vos interlocuteurs, tenez la carte des deux mains, entre le pouce et l'index et tendez-là en vous inclinant légèrement vers l'avant.

K11. Des indispensables

« Si vous parlez à quelqu'un et qu'il ne vous écoute pas, taisez-vous. Écoutez-le et vous saurez peut-être pourquoi il ne vous écoute pas. »

Proverbe africain, anonyme

Dans le style de négociation chinois, l'intégrité, le respect et l'humilité sont très appréciés. Pour réussir en Chine, vous devez prioritairement inspirer confiance. Toute personne qui aspire à gagner la confiance des Chinois doit idéalement posséder ces qualités et se comporter avec droiture. Ceci implique un ensemble de choses à connaître, à faire ou à éviter.

1. A faire ou à éviter

Après de longues et pénibles activités de recherche de fournisseurs et partenaires, après des heures et des jours voire des semaines de négociations parfois difficiles, vient le moment de formaliser vos accords. C'est un moment capital que vous devez traiter avec au moins autant de rigueur et de soin que toutes les précédentes. Quel que soit le formalisme que vous retiendrez pour matérialiser vos accords, assurez-vous qu'il permette de sécuriser vos intérêts. La forme étant connue comme étant le fond qui remonte à la surface, celle que vous retiendrez devra alors dans l'idéal, vous permettre de compenser a minima l'énergie, le temps et l'argent investis jusqu'à ce stade.

Une exigence à ce stade est d'apprécier chaque acquis en comparaison des objectifs que vous vous étiez fixés au départ. Vous avez sans doute concédé des compromis et reçu en échange des contreparties d'équivalente valeur. Cette rapide analyse comparative a pour but de vous aider à garder la vue d'ensemble dont vous avez besoin pour apprécier à leur juste valeur, les engagements finaux. Pour vous, étrangers en Chine, ces engagements doivent idéalement être formalisés dans un écrit. C'est la forme la plus appropriée pour assurer une facile traçabilité.

Pour être efficace et jouer tout son rôle de traçabilité et de protection de vos intérêts, le contrat doit être entièrement revu et signé des deux parties. Aucune ambiguïté ne doit y subsister, autrement elle ouvrira la porte à toutes sortes d'interprétations sources de divergentes. En matière de communication, la probabilité qu'une ambiguïté soit comprise de travers, en particulier dans un contexte de différence culturelle, est beaucoup plus élevée. Soyez clair et précis car tout ce qui peut être compris de travers le sera effectivement. Epargnez-vous les conséquences d'un tel risque. Il s'agit de business et votre signature vous engage. Vous ne devez signer qu'après avoir analysé, clarifié et vérifié la conformité du contenu avec l'ensemble des points discutés et validés par tous. Tout contrat contenant des clauses vagues, susceptibles de prêter à confusion en permettant par exemple des interprétations multiples sur certains de ses aspects est à proscrire. Un tel contrat est une bombe à retardement que vous devez absolument éviter. Il serait vraiment dommage de laisser une rédaction floue et imprécise ruiner des accords si durement obtenus.

Les Chinois considèrent la négociation comme un processus évolutif dont le contrat, même signé des peux parties n'est qu'une étape. Fort de cette divergence de conception, votre atout maître réside dans l'honnêteté et la confiance de votre interlocuteur. <u>En Chine, davantage que le contrat, la confiance que vous aurez contribué à créer déterminera les résultats que vous obtiendrez</u>. Pour les Chinois, la signature du contrat ne semble être qu'une simple autorisation à aller plus loin dans les négociations. Ainsi, à l'exception des achats en *one-shot* pour lesquels l'exigence de confiance est faible, toutes les autres transactions en Chine impliqueront pour vous de prioriser la construction de la confiance qui vous protège mieux que tout autre outil.

2. De la communication et des contacts

La négociation est un acte de communication globale qui repose en cette qualité, sur les trois piliers fondamentaux de la rhétorique d'Aristote, le philosophe grec. Les spécialistes de la communication et des négociations s'accordent aujourd'hui pour dire que ces piliers constituent d'excellentes façons de convaincre son auditoire. Ces piliers sont le pathos, l'ethos et le logos.

Le Pathos : il désigne le public ou les personnes à qui vous vous adressez. En l'occurrence, il s'agira des négociateurs ou des représentants de votre fournisseur chinois.

L'Ethos : il renvoie à la qualité en laquelle vous prenez la parole. Qui êtes-vous ? En quelle qualité et sous quel titre vous adressez-vous ? ou encore, avez-vous l'intention de vous adresser au Pathos ? Quelle est votre légitimité pour le faire ? Les réponses à ces questions sont fondamentales car ce sont elles qui décideront du niveau d'intérêt et de confiance que vos interlocuteurs accorderont à votre personne et par ricochet à ce que vous allez dire. Pour en revenir à la négociation, vos interlocuteurs voudront savoir si vous avez le pouvoir de décision, si vous êtes un influenceur, un expert technique ou alors, si vous n'êtes qu'un représentant dénué de tout pouvoir de décision.

Le Logos : ceci fait référence au contenu de votre communication. Il s'agit de ce que vous allez dire et de la façon dont vous allez le faire. C'est du contenu même de votre communication, du cœur de votre message dont il est question ici.

Dans toutes vos communications, incluant les négociations, il est crucial de prêter en tout temps, une attention particulière à chacun de ces piliers de la rhétorique. Ils vous contraignent à la rigueur et ainsi, vous aident à structurer votre communication et à aller à l'essentiel. Agissant ainsi, vous délivrerez une communication claire et percutante qui ira directement toucher le cœur de vos interlocuteurs. Les choses seront évidemment un peu plus compliquées en Chine en raison de son environnement particulier, fortement marqué par ses spécificités culturelles et linguistiques. Ceci n'a pas vocation à vous effrayer ou vous freiner dans votre élan de businessman déterminé. Ceux et celles qui se sont déjà essayés à un business, quel qu'il soit, savent qu'il s'agit d'une aventure parsemée d'embuches. Le succès et la satisfaction au but du parcours appartiennent aux courageux et téméraires. Si vous faites déjà du bisness avec la Chine ou avec l'intention de vous lancer dans cette prometteuse aventure, vous devez savoir qu'il y a des défis à relever et des obstacles à braver. L'adaptation de votre communication aux exigences culturelles et linguistiques chinoises en fait partie.

S'il est important de soigner votre communication pour délivrer un message audible, clair, facile à comprendre et qui impacte, il est plus important encore de soigner votre écoute. Vous gagnerez à écouter dans son entièreté le message que délivre vos interlocuteurs. L'entièreté du message implique évidemment ce que disent vos interlocuteurs quand ils s'expriment avec des mots, mais aussi et surtout disent sans les mots. Vous devez apprendre à écouter aussi les messages non-verbaux et para verbaux. Il s'agit de tout ce qui s'expriment autrement que par la parole : les silences, le bâillement, les yeux écarquillés ou levés au ciel, les bras ouverts, entrelacés, croisés dans le dos ou sur la poitrine, les intonations, les gémissements etc. Tout ceci constitue autant de signaux faibles qui véhiculent de précieux messages à qui sait les intercepter et les interpréter.

Savez-vous par exemple que les Chinois utilisent très exceptionnellement le mot *« non »* ? A la place, ils préfèreront d'autres expressions plus douces telles *« peut-être »*, *« nous verrons »* ou *« nous essaierons »*. Ces expressions sont très souvent utilisées pour exprimer un refus ou un désaccord. A vous de comprendre et d'agir en conséquence. Il en est de même pour le hochement vertical ou oblique de la tête qui, contrairement à ce que vous savez, n'équivaut pas à un *« oui »*. Au mieux, ce sera un *« oui, je comprends ou j'ai compris »* mais absolument pas un *« oui j'accepte »*. Faites bien attention à ces faux amis de la communication qui peuvent vous jouer des tours. N'hésitez jamais à demander à vos interlocuteurs de reformuler et de confirmer que leur compréhension est bien la même que la vôtre. Méfiez-vous des biais de certitudes et ne faites surtout pas confiance à vos intuitions. Ces dernières seront quelques fois exactes ; au mieux il s'agira d'une simple coïncidence et au pire, d'un pur hasard. Egalement, un *« oui »* clairement prononcé peut vouloir dire *« c'est correct »*, *« c'est bon »*, *« bien sûr »*, *« je vois »*, etc. Dans tous les cas et pour éviter toute ambiguïté sur des sujets délicats notamment, prenez le temps de vous assurer d'avoir une compréhension unique et partagée.

Pour éviter de vous décevoir ou de vous faire perdre la face comme l'exige le *Mianzi* analysé en K4, les Chinois exprimeront très rarement, de façon ouverte leur désapprobation. Ils préfèreront le plus souvent utiliser des expressions faciales discrètes et d'autres gestes tels que le fait de prendre une soudaine, grande et bruyante respiration, de passer les paumes des deux mains sur le visage. Si vous les interrogez sur leur état à ce moment-là, il y a fort à parier qu'ils vous donneront des réponses toute faites, dans le seul but une fois encore, de ne pas vous vexer. Ils vous répondront que *« tout va bien »* ou encore *« il n'y a pas un problème »*. Vous ne devez pas vous contenter de telles réponses qui dans bien des cas expriment tout sauf ce qu'elles disent de prime abord.

Au contraire, et sans les harceler ni courir le risque de tomber dans le piège qu'ils s'évertuent à éviter, vous devez user d'astuce et de subtilité pour aller chercher la vérité. Votre formation aux techniques de détections du mensonge va rapidement vous permettre d'en avoir le cœur net. A défaut utilisez des techniques de questionnement et d'écoute tactiques pour essayer d'aller chercher la vérité sur la situation. Si vous cherchez des formations rapides mais pointues sur ces techniques de détection du mensonge, de questionnement efficace ou d'écoute stratégique, je vous conseille l'Institut NERA de Paris. J'ai moi-même été formé à leurs techniques.

Revenons un instant sur la gestion des silences, très présents lors des réunions de négociation en Chine. Ils peuvent être déstabilisants quand on les expérimente la première fois. Ils peuvent être plus ou moins longs et sont très appréciés des négociateurs chinois. Il m'a semblé qu'il s'agissait de moments d'introspection pendant lesquels, ils évaluaient mentalement et donc discrètement, ce qui venait d'être discuté pour mieux anticiper la suite. Vous devez respecter ces moments et vous garder d'être la personne qui fait retentir le gong.

Voici une dernière petite chose qu'il importe de connaître avant de se rendre en Chine pour vos négociations : les contacts physiques et visuels doivent absolument être limités au strict minimum. La poignée de main, hors restrictions liées au covid-19, suffit amplement. Vous devez proscrire les tapes dans le dos ou sur l'épaule. Quant aux contacts visuels, notamment si vous êtes un homme et que la personne en face est une femme, vous devez éviter les regards insistants ou incisifs. Ceci est aussi valable lorsque la personne en face est le superviseur ou chef de la délégation chinoise. Dans ce dernier cas, un regard insistant de votre part peut être vu comme un acte de défiance qui ne sera pas apprécié.

K12. Les commodités de la négociation

« Le savoir-vivre, c'est l'art de ne pas montrer trop vite son savoir-faire ».

Georges-Armand Masson, journaliste et écrivain français (1892-1977)

En Chine, les dîners d'affaires et les divertissements sont souvent le prolongement des négociations. Quand vous y êtes conviés, agissez avec respect et dignité. Vous y serez observés, mis à l'épreuve et tout ce que vous y ferez ou direz pourra être retenu contre vous dans la suite des négociations.

1. Des dîners d'affaires et des cadeaux

La perception que l'on a des diners d'affaires et des cadeaux ainsi que l'importance que l'on leur accorde varient d'une société à l'autre. Contrairement aux occidentaux, les Chinois demeurent assez généreux sur ces aspects. De manière générale, comme on dit coutumièrement, ils mettent le paquet. Les dîners d'affaires là-bas sont de véritables festivals culinaires et alimentaires, offerts en fonction de votre statut, dans des restaurants étoilés. De votre côté, on attendra a minima que vous soyez ponctuels et que vous vous conduisiez convenablement tout au long du repas. Pendant le repas, vous devez être attentif à tout ce qui se passe, à la façon dont se comporte vos hôtes et tout particulièrement le chef d'équipe ou le manager.

Comme vous le savez désormais, les dîners d'affaires en Chine ne sont pas que des intermèdes aux négociations. Les dîners d'affaires ne sont très souvent que le prolongement des négociations. C'est pour cette raison que votre niveau de curiosité et de vigilance doit rester élevé. Souvenez-vous qu'ils vous observent et qu'ils pourraient bien noter vos moindres faits et gestes. Faites comme eux, profitez du moment, faites en sorte que tout se déroule bien mais surtout, ouvrez grand les yeux et les oreilles. Vous pourrez apprendre des choses très importantes. Le plus simple pour ne pas commettre d'impairs consiste à observer le chef de délégation côté chinois, et d'essayer dans la limite du raisonnable bien sûr, de faire comme lui. C'est la garantie de ne pas commettre d'erreur de protocole.

Une exception à ceci concerne la consommation d'alcool. Sur ce point, vous ne devez jamais surestimer vos capacités. De plus, vous aurez tout intérêt à rester lucide pour continuer de scruter les faits et gestes constitutifs de signaux faibles que vous pourrez à votre tour utiliser dans vos négociations. Les Chinois peuvent se permettre de s'enivrer, mais pas vous. Votre capacité à supporter l'alcool sera parfois testée par vos interlocuteurs. Il ne sert à rien de vouloir jouer les costauds. Faites en sorte de décliner avec politesse, ils en rigoleront peut-être mais ils ne vous en tiendront pas rigueur.

Sur le terrain des cadeaux que l'on s'échange généralement en début de rencontre comme lors de certaines rencontres sportives, la pratique chinoise est également plus généreuse. Ils ne se limitent pas à la première rencontre comme c'est souvent le cas. Ils multiplient les gestes d'attention au fur et à mesure que vos relations évoluent. C'est ainsi qu'en plus de divers produits chinois que vous pourrez recevoir en cadeaux, vous pourrez être surpris en arrivant en Chine pour une réunion, de découvrir qu'un message de bienvenu à votre nom défile en boucle sur un tableau électronique au fronton de l'usine.

En Chine, l'acte de générosité est toujours accompli avec déférence. C'est à chaque fois, des deux mains et légèrement incliné vers l'avant en signe de respect qu'ils vous remettront le cadeau. Ils donnent l'impression de préférer donner plutôt que recevoir. Mais c'est surtout qu'ils ont bien compris qu'en agissant ainsi, ils prenaient un sérieux ascendant psychologique sur la suite des négociations. Ils savent qu'en négociation et en particulier dans le cadre de la négociation raisonnée, on reçoit à la mesure de ce que l'on donne. Le cerveau ne dissociant pas toujours les dons fait dans le cadre de la négociation à proprement parler, des autres, il apprécie et se met en situation de débiteur, prêt à renvoyer l'ascenseur.

Quand c'est vous qui offrez un cadeau, assurez-vous de rester sur quelque chose de vraiment modeste. S'il s'avère être de trop grande valeur, vos interlocuteurs pourraient l'assimiler à un acte de corruption. Ils pourraient très mal le prendre, ce qui aura pour conséquence de donner de vous, d'entrée de jeu, l'image de quelqu'un de peu fiable. Quand on sait que le succès des négociations et du business en Chine reposent prioritairement sur la confiance, on comprend tout l'intérêt qu'il y a à préserver le capital initial dont on est crédité. En plus de la valeur dont vous devriez vous méfier dans le choix des cadeaux pour vos interlocuteurs, il y a aussi les couleurs et aux chiffres comme nous verrons au K13.

2. Des divertissements et du karaoké

Il m'a été souvent demandé s'il était vrai qu'en Chine les négociateurs étrangers étaient souvent invités à faire du karaoké. Ma réponse évidement est à chaque la même : OUI, c'est le cas. Les personnes qui font déjà du business en Chine et qui ont eu l'occasion de s'y rendre pour des réunions ont au moins entendu parler de cette pratique. Quant aux personnes qui ont l'intention de s'y lancer, elles doivent savoir que l'invitation aux soirées karaoké n'est pas automatique. Elle vient souvent saluer les efforts des uns et des autres et couronner le succès des négociations. Vous devez être conscient de la possibilité ou de l'éventualité que cela se produise, et vous y préparer. La préparation dont il est question n'implique pas de prendre des cours de chants avant son départ en Chine ou de participer à l'une de ces télé-réalités où les candidats s'affrontent à coups de chansonnettes plus ou moins bien interprétée. Il est simplement question de se tenir prêt mentalement, à jouer le jeu si vous étiez invité à le faire.

Si vous étiez invité à une telle soirée, à moins d'être vraiment empêché, la courtoisie des affaires en Chine voudrait que vous l'acceptiez. Acceptez l'invitation et participez amicalement à la soirée en faisant de votre mieux, sans excès, pour contribuer à sa réussite. Pendant la soirée, veillez à ne pas étaler tous vos talents d'interprète et de danseur. Le but est de participer et non de s'afficher au point de faire de l'ombre à vos hôtes. Souvenez-vous que le négociateur chinois qui perd la face par votre faute peut devenir un obstacle voire un danger pour vous. Faites en sorte de participer de façon modeste et amicale puis d'agir avec subtilité pour ne paraître que comme tout le monde. Ce sera largement suffisant de vous contenter de contribuer à faire de la soirée de divertissement un succès.

Les soirées karaoké peuvent elles aussi constituer des extensions de négociations en cours. Elles interviennent généralement à la fin pour célébrer les accords, mais elles peuvent aussi être utilisées en cours de négociations, en particulier lorsque les choses deviennent difficiles et complexes. Le karaoké se révèle alors efficace pour détendre et permettre une profonde respiration avant la reprise des discussions. Elles sont aussi utilisées pour rappeler aux uns et aux autres la communauté de destin, ou pour rafistoler et renforcer les liens lorsque ceux-ci commencent à se déliter. La participation à une soirée karaoké où tous les négociateurs des deux parties se livrent au même exercice sans en être des professionnels est très positive pour la suite des négociations. C'est l'occasion pour chacun des négociateurs de réaliser, si ce n'était déjà le cas, qu'il est autant que tous les autres, entièrement responsable du succès ou de l'échec des négociations en cours. En participant à cet exercice qui est une sorte de lâcher prise, il peut mieux encore se rendre compte à quel point leur destin est lié. En effet, c'est ensemble qu'ils réussiront ou échoueront. Il ne tient qu'à eux de choisir le résultat qu'ils souhaitent pour leurs négociations.

Pour de nombreux occidentaux, le fait de se livrer en spectacle, qui plus est devant des partenaires d'affaires, est aussi douloureux qu'une incision sans anesthésie. Parler en public n'est pas une tâche facile et nos écoles ne nous l'enseignent pas suffisamment. On peut alors aisément comprendre la difficulté qu'il peut y avoir à devoir chanter, probablement pour la première fois de votre vie, devant des collègues, des partenaires d'affaires et d'illustres inconnus. La tâche n'est toutefois pas aussi compliquée qu'elle en a l'air. Il suffit parfois, notamment quand on est préparé à l'avance, de se prendre au jeu, pour découvrir qu'il s'agit au final d'un exercice drôle et agréable. Soyez sans crainte, à condition d'être préparé et d'avoir confiance en soi, tout le monde peut le faire.

Voici quelques petits conseils de confiance en soi qui pourraient vous être utile. Pour commencer, rappelez-vous qu'il ne s'agit pas d'une compétition avec un jury qui évalue votre prestation et vos performances scénique, gestuelle et vocale. Dites-vous qu'il s'agit d'un moment de détente à passer pour renforcer le lien avec vos futurs partenaires en affaires. Cela vous aidera à apprivoiser la chose et à surmonter votre timidité. Votre refus de participer à un tel moment de construction du lien de confiance cher au business en Chine pourrait être contre-productif. Vos interlocuteurs pourraient ne pas apprécier et à leur tour, refuser de se livrer. La négociation aboutirait alors rapidement sur une situation de blocage sans grande chance de sortie, faute de confiance. L'essentiel comme disait Pierre de Coubertin en parlant des Jeux Olympiques, est de participer. Vous n'êtes pas aux Jeux Olympiques et vos efforts, même minimes, seront salués par vos interlocuteurs chinois. Ils apprécieront d'autant plus qu'ils savent à quel point nous sommes mal à l'aise avec cet exercice.

Lorsque ce sera votre tour de choisir, ne prenez pas de risque, optez pour une chanson dont vous connaissez au moins l'air. Vous savez, une de ces chansons dont vous fredonnez ou mimez la mélodie sous la douche, pendant que vous faites le ménage, la cuisine ou le jardinage. Si vous n'en avez pas, il est encore temps d'en choisir une et d'essayer de retenir les paroles et la musique.

Vous devez savoir qu'en principe, il n'y a point de karaoké sans alcool. Vous serez alors invité à pousser la chansonnette, mais aussi à prendre des boissons alcoolisées. Du côté des chinois, l'importante quantité d'alcool que consomment certains, laisse penser qu'ils cherchent à inhiber, au moins en partie, leurs facultés mentales afin de se livrer plus facilement à l'exercice. Vous pourrez aussi consommer de l'eau ou des sodas au cours de ces soirées. Ils ne vous seront pas forcément proposés, mais il vous suffira d'en faire la demande. Contentez-vous d'agir de manière à leur montrer que vous êtes dignes de leur confiance. C'est ce qu'ils recherchent et ils sauront en tenir compte quand viendra le moment de décider de faire ou non du business avec vous.

Au même titre que les diners, les soirées karaoké sont autant d'occasions d'observer et d'écouter vos interlocuteurs. Vous pourrez y relever ou écouter des informations précieuses qui vous serviront lors des prochaines étapes de négociations. Mais attention, eux aussi vous observent et prennent des notes. Agissez toujours avec discrétion, dignité et respect.

K13. Des chiffres et des couleurs

« En réalité, nous travaillons avec peu de couleurs. Ce qui donne l'illusion de leur nombre, c'est qu'elles ont été mises à leur place ».

Pablo Picasso dans le Cahier d'art de C. Zervos (1935)

Les Chinois attachent une grande importance à certains chiffres et couleurs. Cela peut sembler insignifiant voire inutile à certains étrangers arrivant pour la première fois en Chine. Vous aurez tort de ne pas y prêter attention. Voici à titre indicatif, quelques chiffres et couleurs ainsi que la signification qu'en donne la culture chinoise.

- Le chiffre 8 est le chiffre porte-bonheur. Si vous recevez un cadeau portant ce chiffre c'est que l'auteur vous souhaite beaucoup de bonheur. Si votre réunion se déroule dans une salle portant ce numéro, si votre siège ou la chambre d'hôtel qu'ils ont fait réserver pour vous portent le numéro 8 alors, ils vous apprécient et vous veulent beaucoup de bonheur. Ce n'est généralement ni le fait du hasard, ni de la coïncidence. Faites-leur savoir que vous avez remarqué l'attention et que vous appréciez,

- Le chiffre 6 est considéré comme un signe de progrès,

- Le chiffre 4 en revanche n'est pas bon signe. Il est considéré comme celui de la malchance.

En ce qui concerne les couleurs,

- La couleur blanche est à éviter car elle est un signe de mort,

- La couleur rouge représente le bonheur, le succès et la bonne fortune,

- La couleur dorée est un symbole de prospérité. Elle est par exemple, à préférer à la couleur blanche.

> En Chine, la confiance que vous aurez contribué à créer, déterminera davantage que le contrat, les résultats que vous obtiendrez.

# Troisième partie. L'ACCÈS AUX MARCHÉS CHINOIS

Chapitre 6. Des modes et des stratégies d'accès

« Qui veut aller loin, ménage sa monture »

Jean Racine, dans Les plaideurs (1668)

Le lien que voici https://youtu.be/KO8UjBhhZS8, également présenté au chapitre premier de ce livre, regroupe dans une vidéo de moins de trois minutes, les principales étapes de l'extraordinaire évolution économique de la Chine au cours des 50 dernières années. Vous y découvrirez si ce n'est déjà le cas, l'installation de la Chine dès 2012 à la place de leader mondial en termes d'exportation de marchandises. Cet indicateur confirme la prospérité du vaste marché chinois qui, grâce à une main d'œuvre qualifiée et moins coûteuse qu'en Occident, au large déploiement d'internet et à un système logistique exceptionnel et bon marché, offre désormais d'énormes opportunités de business aux clients du monde entier.

A conditions de se plier à certaines exigences somme toute accessibles, vous aussi pouvez aisément réaliser des affaires profitables avec la Chine. L'exigence première et de loin la plus importante est de se préparer. Divers conseils, astuces et informations renseignant sur la meilleure manière d'y procéder sont analysés et présentés dans les deux premières parties de ce livre. N'hésitez pas à les consulter à nouveau.

Dans le cadre de votre préparation, vous devez être en mesure de choisir le secteur de marché dans lequel vous voulez évoluer. Le marché chinois est très vaste, les opportunités sont innombrables, et vous avez tout intérêt à vous spécialiser. La spécialisation peut être saisonnière ou régionale mais elle est incontournable pour qui veut agir efficacement. Si vous faites bien les choses, votre choix de marché et votre spécialisation devraient conditionner la définition de votre stratégie d'accès au marché.

Il n'existe pas de stratégie qui soit efficacement applicable à tous les cas de figure car chaque cas est différent et chaque business à ses exigences. A titre purement indicatif, sont analysés ci-dessous quatre des modes plus courant d'accès au marché.

K14. Les modes (les plus) usuels

« L'avenir est une porte, le passé est la clé ».

Victor Hugo, écrivain français (1802 - 1885)

Une fois que vous avez choisi votre secteur de marché et validé vos plans, il reste à définir la bonne stratégie. Celle-ci inclus le choix du type d'entreprise. Vous pourrez tout à fait vous contenter d'une boutique en ligne sur le modèle du drop shopping, tenir une boutique physique et faire des achats en ligne sur les plateformes des géants chinois de l'e-commerce connus sous l'acronyme **BATX**. Il s'agit de Baidu, Alibaba, Tencent et Xiaomi. Grâce aux tentaculaires réseaux de ces géants, les produits chinois sont accessibles depuis n'importe que coin du globe. Sur leurs plates-formes, vous pouvez commander absolument tout type de marchandises.

A condition d'avoir un terminal de type ordinateur ou smart phone et une connexion internet, vous pouvez passer commande depuis n'importe quel endroit. Que vous agissiez depuis votre bureau, votre lit ou votre canapé, que vous soyez dans un train, en avion ou en voiture, vous pouvez contacter des fournisseurs en Chine, spécifier vos besoins, négocier dans certains cas et passer commande. C'est simple, pratique, rapide et sûr. Ces facilités que permettent les nouvelles technologies ont largement contribué à rendre le marché chinois accessible aux petites fortunes et notamment aux particuliers et aux jeunes PMEs disposant de faibles moyens financiers et d'une expérience limitée. Vous pourrez également, en fonction de la taille de votre structure, de vos ambitions et vos moyens financiers, opter pour l'ouverture d'un bureau de représentation en Chine. Une autre option intéressante consiste à faire une JV.

Pour votre aventure business chinoise, vous pouvez choisir la voie du cavalier solitaire ou au contraire, opter pour une aventure commune. Chacune de ces options présente des avantages et des inconvénients dont l'évaluation éclairera votre choix et votre stratégie.

Avantages	Inconvénients
Achats en ligne	
o Commodité (acheter depuis n'importe quel endroit, à tout moment et souvent au meilleur prix grâce aux comparateurs gratuits en ligne)	o Pollution (ce mode d'achat sollicite énormément la logistique et le fret, aérien notamment en raison des contraintes de délais. Forte pollution liée à ces deux activités accessoires)
o Choix (multiplicité de choix et facilité de comparaison des offres)	o Moins de contrôle sur les délais – les produits partant de Chine sont confiés à des transitaires / transporteurs qui doivent parfois procéder à des groupages pour limiter leurs coûts
o Contrôle (vous sélectionnez et n'achetez que ce que vous recherchez et rien d'autre car vous pouvez prendre autant de temps que vous souhaitez pour vous décider)	o Problème de qualité (l'impossibilité dans la majorité des cas de voir, toucher, sentir et tester le produit limite votre contrôle sur leur qualité)
o Discrétion (possibilité d'acheter tous types de produits à l'abri de regards indiscrets et parfois gênant quand on fait des achats en magasin)	o Politiques de retour pas toujours fiables, entraînant des délais et un risque élevé de perte de marchandises pendant le transit
	o Problèmes de logistique en cas d'achat répétés de plusieurs petites quantités
Bureaux de représentation locale	
o Facile à établir (délai limité)	o Faible liberté d'action
o Faible coût de structure comparé à l'Occident	o Coût pour le partenaire d'engager du personnel local
o Pas forcément besoin de capital social	o Restrictions liées au recrutement du personnel local (qualification, nombre

o Facilite l'audit et le management des partenaires locaux	etc)
o Excellent relais pour le marketing et la promotion	
Enterprises communes (JV)	
o Obligatoire dans certains secteurs d'activité o Possibilité d'utiliser la base de clientèle et les réseaux de vente actuels de l'entreprise locale partenaire de la JV o Accès aux ressources existantes de votre partenaire o Disponibilité d'usines et autres infrastructures de production o Gestion locale / Réduction des coûts	o Un contrôle managérial limité o Difficulté à trouver des partenaires fiables et efficaces o Les conditions de partenariat peuvent être difficiles o Coûteux en temps, énergie et argent pour atteindre à un accord satisfaisant o Risque élevé de perte de contrôle sur vos DPI o Réussite tributaire du personnel local o Mauvaise information sur les partenaires des JV o Des partenaires susceptibles de renégocier les conditions commerciales en leur faveur et à vos dépens
Entreprises à capitaux entièrement étrangers	
o Haut niveau de contrôle et de management o Possibilité d'embauche étendue (faible restrictions)	o Coûts d'installation, de démarrage et de fonctionnement élevés o Longues périodes d'incubation

o Niveau de flexibilité élevé	o Restriction sur certains profils de personnel
o Plus grande liberté de conversion des bénéfices (du RMB en devises)	o Contrôle élevé sur les profits via la fiscalité et les restrictions d'exportation de devises
o Meilleure protection de vos DPI	o Complexes formalités d'enregistrement du capital social (autorisations et formalités)

K15. Un préalable : l'étude de marché

« Ne cherchez pas la faute. Cherchez le remède ».

Henry Ford, entrepreneur et inventeur américain (1863-1947)

Une fois le mode d'accès choisi, vous devez immédiatement vous mettre au travail. Si vous voulez réussir, ne vous laissez pas distraire par des arguties du type, ce n'est pas le bon moment, on verra plus tard et bien d'autres que vous connaissez autant que moi. Définissez votre stratégie d'analyse du marché ciblé et foncez. L'étude de marché est une étape décisive pour votre business, assurez-vous de la mener convenablement. Vous ne devez ni l'ignorer ni la traiter avec légèreté. Si votre projet vous tient à cœur autant que je peux l'imaginer, vous comprendrez alors les risques et les conséquences qu'il y a à ce stade, à agir avec négligence.

Votre analyse du marché doit prioritairement porter sur l'organisation et le fonctionnement du marché cible. Ceci implique sans s'y limiter, l'inventaire et l'analyse des lois, règles et règlements qui régissent le marché et l'identification des principaux acteurs, locaux et étrangers qui interviennent sur ce marché.

Dans le cadre de l'analyse de l'environnement juridique et réglementaire, il est primordial d'accorder une attention particulière à tous les aspects relatifs à la corruption, la concurrence et la protection des droits de la propriété intellectuelle (DPI). Que vous soyez ou non compétent pour cet exercice, il serait hautement plus intéressant de vous concentrer sur le cœur de votre business et de confier celle-ci aux spécialistes dont c'est le travail. Vous n'aurez pas trop de peine à trouver des cabinets d'avocats ou des entreprises spécialisés dans ces activités dites de *due diligence* ou diligence raisonnable.

Une autre recommandation pour les grandes entreprises disposant d'importantes ressources financières est d'intégrer dans leur stratégie, la mobilisation d'une partie du personnel interne qui se rendra en Chine pour apportera leur soutien à l'entité locale retenue pour la due diligence et l'analyse du marché. L'avantage de cette stratégie tient au fait que le personnel interne, mobilisé depuis l'occident arrivera avec une meilleure connaissance de vos politiques qui seront distillées chez vos partenaires locaux. Leur soutien, notamment en terme d'informations sur vos besoins réels et vos attentes, faciliteront grandement le travail aux équipes locales qui agissent pour vous tout en apprenant à vous connaître. Egalement, leur présence en locale aidera à gagner du temps par la mise en œuvre rapide de vos savoir-faire.

Dans tous les cas, il vous revient de rester vigilant et de vous assurer par exemple que les rapports produits se fondent sur des données à jour, qu'ils soient suffisamment précis pour être lus, compris et implémentez sans difficultés. Une analyse contenant des données désuètes ou falsifiées faussera votre perception du marché et vous conduira sur une fausse piste.

La décision d'entrer sur un marché nouveau, différent de tout ce que vous connaissez et de surcroit aussi complexe que celui de la Chine n'est pas une mince affaire. Pour y entrer sereinement et réaliser un business bénéficiaire, vous devez certes prendre quelques risques. Toutefois, ces risques doivent être fondés sur une stratégie robuste, inspirée du bon sens et de la persévérance. Vous devez faire montre de courage, d'engagement, de la rigueur mais aussi de prudence à chacune des étapes de ce long et épineux processus.

Plus vous vous rapprocherez de vos objectifs, plus vous aurez à faire preuve de vigilance et de précision dans vos actions. Tout manquement à ce stade pourra coûter cher à votre business. Des obstacles il y en aura mais vous ne serez que plus fier au bout car vous les aurez domptés. Ne dit-on pas *« qu'à vaincre sans péril on triomphe sans gloire »* ?

K16. Un critère de choix : la localisation

« Lorsque quelqu'un prend une décision, il plonge réellement dans un courant fort qui l'emmènera dans des endroits dont il n'avait jamais rêvé lorsqu'il pris sa décision ».

Paulo Coelho, écrivain brésilien et auteur de L'alchimiste

Pour certains, l'entrée sur le marché et le démarrage d'un business avec des fournisseurs chinois sera le coup d'accélérateur inespéré. Ils seront pris dans un tourbillon d'opportunités d'affaires qu'ils seraient tentés, et c'est le piège, de tout embrasser. Tenez-vous au plan et assurez-vous de ne pas sauter les étapes. Cette recommandation est valable pour tous ceux qui se lancent à la conquête du marché chinois. Dans votre analyse en vue du choix du marché, vous avez dû vous intéresser à la sectorisation des marchés en Chine.

La Chine a mis en place une politique de spécialisation qui dédie à certaines grandes agglomérations, villes et provinces, une typologie d'industrie. Le tableau suivant vous en donne une image. Dans ces villes et provinces, sont appliquées les lois nationales ou internationales ratifiées par la Chine, mais aussi des lois locales propres à chaque agglomération. Ces spécificités locales sont particulièrement renforcées à Hong Kong, Canton ou Taiwan.

Spécialisation des marchés et activités par agglomérations, villes ou provinces

Pékin	Communications, électronique, information et technologies (IT)
Guangzhou	Automobile, produits chimiques, électronique, pétrochimie, textiles, jouets
Jiangsu	Biomédecine, chimie, communications, acier, informatique, textiles, pétrochimie, alimentation
Shandong	Agriculture, produits pharmaceutiques, pétrole et gaz, denrées alimentaires
Shanghai	Automobile, Chimie, Électronique, Finance, Pétrochimie, Pharmacie
Shenzhen	Informatique, communications, semi-conducteurs, électronique de l'information, biomédecine
Wuhan	Automobile, bateau, fibre optique, acier
Zhejiang	Industrie légère, textiles, plastiques, jouets, vêtements, électroménager, métallurgie, ustensiles de cuisine, meubles

K17. Une condition de réussite : le personnel local

« Si vous pensez que l'éducation coûte cher, essayez l'ignorance »

Attribué à Derek Curtis Bok, Layer, éducateur et ancien président de l'Université de Harvard (2006-2007)

L'utilisation de la main-d'œuvre locale peut constituer un atout très utile en Chine. Quelle que soit la taille de votre business et le niveau de vos ambitions, le recours à un agent local pour vous représenter, faire pour vous de la prospection ou des traductions notamment lors des réunions de négociation, est fortement recommandé. C'est pour cette raison entre autres que, chaque fois que cela est nécessaire et que votre business peut se le permettre, vous ne devez pas hésiter.

Pour les entreprises disposant déjà d'installations physiques en Chine, l'embauche du personnel local implique de s'attacher les services de personnes liées par un contrat de travail à votre entreprise. Il s'agit donc de profils et de contrats autres que ceux qui vous unissent ponctuellement à un représentant local ou un interprète. Dans les cas d'une JV ou d'une entreprise à capitaux entièrement étrangers par exemple, il sera question de constituer de façon permanente, une véritable équipe en Chine, avec pour mission de développer vos activités sur place. L'un des défis majeurs pour les entreprises qui optent pour cette stratégie est de trouver le bon équilibre entre la main-d'œuvre locale et celle d'expatriés qui iront en renfort en Chine. En dépit du coût souvent considérés comme trop élevés, l'expérience des expatriés et leur connaissance de la culture et des politiques de l'entreprise sont autant d'atouts devant permettre de préserver la réputation et les intérêts de votre entreprise. Quant aux ressources locales, elles mettront au profit de l'entreprise, leur grande connaissance du terrain, des marchés et des fournisseurs. Elles vous feront notamment profiter de leurs puissants réseaux de *Guanxi*.

Une question qui revient assez souvent lors de l'évaluation de votre stratégie est celle relative à la nécessité voire l'utilité d'un représentant local en Chine. D'aucuns vous direz qu'il est budgétivore et qu'il accomplit des tâches qui auraient pu l'être par vous, y compris en agissant depuis l'étranger. Comme vous le savez déjà, il arrivera que vous soyez contraint d'agir et de négocier à distance, du fait de vos moyens financiers limités ou d'autres restrictions telles celles liées à la pandémie de la covid-19, le recours au personnel local pourrait rapidement devenir une nécessité.

Quand vous serez dans l'impossibilité de vous déplacer en Chine comme il aurait fallu afin de discuter efficacement avec vos fournisseurs, rien, ni même les outils de communication tels *Skype, Teams, WhatsApp, WeChat, Zoom* ne suffiront à compenser la perte d'efficacité. Il n'est jamais très productif de négocier au téléphone. En effet, la difficulté vient du fait, qu'en raison de la distance et malgré l'utilisation de la visio-conférence, il est particulièrement difficile de lire, évaluer et comprendre dans sa globalité, la communication de l'interlocuteur. A ceci il convient d'ajouter les particularités culturelles chinoises et certaines approximations dans la pratique de la langue de Shakespeare. Dans ces circonstances et à moins d'être dans une stratégie d'achat *one shot*, ou dans le cas de très petites transactions sans qu'il soit nécessaire d'œuvrer à la construction d'une relation d'affaires durable, le recours à un représentant local est fortement recommandé.

Lorsque vous irez en Chine pour des réunions de négociation, il arrivera assez souvent que vos interlocuteurs prévoient un traducteur pour assurer la bonne compréhension des échanges par les deux parties. Ce dernier étant désigné par votre interlocuteur chinois, il y a le risque que, volontairement ou non, il joue en sa faveur. Pour limiter l'occurrence du risque de partialité tout en s'assurant d'éviter les éventuels malentendus ou impairs causés par la mauvaise interprétation de comportements ou de mots et expressions utilisés par l'interlocuteur, vous devez solliciter les services de votre propre interprète. Il est rare, mais toujours possible, que le traducteur désigné par le fournisseur prenne parti et manipule les discussions. Le fait d'avoir votre propre traducteur vous en préserve. Payer les services d'un interprète qui vous assiste est bien, comprendre et parler un peu le mandarin est un plus.

Vos amis chinois, si vous en avez, pourront vous aider et faire ce que font certains interprètes ou représentants locaux. Cela vous dépannera peut-être mais vos amis ne remplaceront jamais les professionnels car ils n'en sont pas. Ils auront beau fait de produire des traductions de qualité et vous représenter efficacement à certaines réunions, cela ne fait pas d'eux des professionnels de la chose. Avec eux, vous n'aurez pas la garantie et la responsabilité qui pèsent sur les professionnels. Les professionnels agissent dans un cadre contractuel et ont en conscience l'idée que leur responsabilité peut, en cas de manquement à leurs obligations contractuelles mais aussi professionnelles, être engagée.

K18. L'ultime vérification : la *due diligence* et les **DPI**

« Prévenir vaut mieux que guérir »

Proverbe français

En adhérant à l'**OMC** en 2001, la Chine a accepté d'intégrer dans son corpus juridique, certaines des règles qui régissent l'économie et le commerce mondial. Cette décision a eu pour conséquence de pousser la Chine à rendre ses propres lois commerciales plus lisibles et plus compréhensibles par la communauté internationale. Le processus semble en bonne voie. Toutefois, il appartient à chacun de faire sa propre évaluation de la situation en fonction du secteur de marché qui l'intéresse. Cela suppose une minutieuse analyse de l'ensemble des dispositions légales internationales, nationales et régionales qui régissent les secteurs d'activité dans lequel vous comptez vous lancer. En Chine comme ailleurs, essayer de comprendre les lois qui régissent un marché avant d'y pénétrer est une démarche logique, intelligente et prudente. C'est aussi une exigence de la due diligence qui relève de votre pleine responsabilité.

1. La due diligence (diligence raisonnable)

La diligence raisonnable renvoie à un ensemble de contrôles et audits à effectuer sur un individu, une entreprise ou un secteur de marché, afin d'identifier les risques potentiels auxquels on doit se prémunir mais aussi les avantages que l'on peut y avoir. Pour vous, il s'agira notamment de remettre l'accent sur vos droits et vos obligations à l'égard de la législation applicable sur le secteur de marché qui vous intéresse. L'exercice implique également de s'intéresser aux acteurs du marchés et notamment ceux avec lesquels vous serez en affaires. Vous devrez donc vérifier la régularité de leur statut et de leurs pratiques commerciales. La diligence raisonnable vous impose aussi de vérifier l'organisation structurelle, le fonctionnement ainsi que la santé financière de vos futurs partenaires.

Bien que cela ne soit pas toujours facile au plan de la pratique des affaires, toutes les vérifications qu'impose la diligence nécessaire doivent idéalement être réalisées et bouclées préalablement à tout engagement contractuel. Souvenez-vous que votre signature vous engage et engage votre business. La diligence raisonnable est un devoir fondamental de précaution auquel vous devez, en votre qualité de businessman, vous soumettre. Elle vous permet d'identifier suffisamment en amont certains risques qui autrement auraient été découverts à un moment où vous n'auriez peut-être plus que vos yeux pour pleurer. Votre business mérite mieux que des larmes et des remords. Faites en sorte de réaliser votre due diligence afin de bien vous renseigner sur le lieu où vous mettez les pieds. Comme vous le savez, l'ignorance de la loi n'est pas une défense acceptable.

Vous et vos partenaires devez connaître les lois et vous y soumettre ou les appliquer. Bien que cela ne soit pas toujours évident, surtout en ce qui concerne vos partenaires, vous devez faire de votre mieux pour ne pas vous rendre coupable de complicité en faisant du business avec un partenaire qui agit en violation des lois. Faites bien attention à ceci et gardez à l'esprit que l'infraction de complicité sera constituée pour vous, que vous ayez agi ou non, en connaissance de cause.

Les informations nécessaires pour effectuer un contrôle préalable efficace sont de divers ordres et de sources variées. Certaines sont fournies par votre partenaire d'affaires et concernent son statut juridique, son organisation, ses licences, ses qualifications, ses brevets etc. Il peut être utile de savoir si le fournisseur avec lequel vous avez l'intention de traiter est propriétaire ou simple utilisateur des licences, certificats, qualifications et brevets qu'ils utilisent.

D'autres informations proviennent de sites internet en libre accès, de journaux spécialisés, de certains services spécialisés tels les chambres de commerce, les ambassades, le ministère du commerce et bien d'autres. Afin de réduire le risque d'erreur dans les informations collectées, vous devez toujours veiller à ce qu'elles soient vérifiées et revérifiées car certaines peuvent être fausses ou obsolètes.

2. Vos droits de propriété intellectuelles (**DPI**) en Chine

La Chine a la réputation de ne pas accorder aux droits de propriété intellectuelle, le même traitement que les Occidentaux. Par conséquent, le risque de voir vos marques commerciales copiées et utilisées en toute impunité là-bas est très grand. Ce n'est pas un hasard si un marché aussi grand et important que celui de l'A.P Plaza Yinyang à Shanghai encore connue sous le nom de Shanghai Museum Market est affectueusement affublé du doux nom de *fake market*. Même les Chinois l'appellent ainsi. Ce n'est d'ailleurs pas le seul. Plusieurs autres marchés ont le même statut, pour les mêmes raisons. Ces *fake markets* se trouvent assez facilement. Il suffit de demander ou plus simple encore, d'interroger n'importe quel un moteur de recherche internet et vous avez la réponse.

La question de la protection de vos droits de propriété intellectuelle en Chine doit être traitée avec le plus grand sérieux. Si vous arrivez sur le marché avec des **DPI** à protéger, vous devez prendre certaines précautions. Compte tenu des libertés que certains fabricants semblent se permettre au regard du nombre et de la taille des *fake markets*, dans le pays, il est fortement recommandé de faire appel aux services de sociétés spécialisées dans ces questions. Ce sont principalement des cabinets d'avocats qui sauront trouver la protection adaptée à votre cas. Il peut aussi être judicieux de ne pas divulguer vos brevets. Un secret bien gardé protègera parfois mieux que le meilleur des systèmes juridiques.

> Plus vous serez proche de vos objectifs, plus vous devrez être vigilant et précis dans vos décisions et vos actes. Toute négligence à ce stade constitue une menace.
>
> Il est tout aussi glorifiant de braver les obstacles pour triompher avec gloire, que de s'empêcher de se mettre volontairement en péril.

Chapitre 7. La négociation des prix

« La stratégie sans tactique est le chemin le plus lent vers la victoire. La tactique sans stratégie est le bruit avant la défaite »

Sun Tzu, L'art de la guerre (5ᵉ⁻6ᵉ siècle av. JC)

Dans toute négociation réussie, il y a un mélange de tactique et de stratégie. Il arrive que ces outils soient dissociés et utilisés séparément. Dans ce cas et par analogie au langage militaire, on dira que les tactiques permettent de gagner des batailles c'est-à-dire des petites négociations, des négociations sur des points particuliers d'un ensemble plus grand, tandis que les stratégies permettent de gagner la guerre, synonyme de négociations plus importantes, dans lesquelles il est primordial d'agir en pensant absolument au lendemain.

K19. Des tactiques efficaces

« Ceux qui ont la connaissance sont nos yeux »

Pierre BOUBOU, Avocat et auteur de Fleurs de la sagesse Bamiléké, (1994)

La tactique que l'on peut définir comme un ensemble des moyens coordonnés, utilisés pour obtenir un résultat, est un outil qui correspond parfaitement aux négociations. Pour être efficace et permettre d'atteindre rapidement le résultat envisagé, la tactique exige des personnes qui s'en servent de se plier à certaines conditions.

1. Le timing

La notion de timing utilisée en négociation ne se limite pas à sa seule dimension temporelle. Elle implique, au-delà du temps à proprement parler, le choix du lieu où va se dérouler la négociation mais aussi l'aptitude à convaincre l'autre de rentrer avec vous dans la négociation souhaitée. Eu égard à la spécificité du sujet de la négociation concernée et des éventuelles sensibilités de l'autre partie, vous devez parfois faire montre d'une grande subtilité et de beaucoup d'audace à ce stade. En général, parce que les petites victoires attirent d'autres plus grandes, si vous franchissez victorieusement cette première étape, notamment sans précipiter ni brusquer l'autre partie, vous vous facilitez la tâche pour la suite. Agissez avec douceur et adresse car là où il y a de la gêne, il n'y a pas de motivation.

Voici un exemple intéressant apporté par mon ami Loïc qui est directeur commercial dans une grande entreprise que je ne nommerai pas ici pour des raisons de confidentialité. En juillet 2020, à l'issue du premier confinement général en France pour cause de covid-19, Loïc est contacté par Mr Levy, le directeur d'une société de sous-traitance avec laquelle il travaille. Objet annoncé de l'appel, s'enquérir de la situation de son client, informer de la situation de son entreprise et évoquer la reprise normale des activités.

Le lendemain de l'appel, Loïc reçu un email de Mr Levy dans lequel, il le remercie pour son temps et les informations partagées lors de l'échange téléphonique de la veille. En conclusion de son email et dans une formulation commercialement très correcte, Mr Levy avait deux informations capitales. La première consistait à demander à Loïc s'il était « *exceptionnellement* », c'est le terme utilisé, favorable à une discussion sur une possible réévaluation des prix des contrats en cours. La seconde précisait que seule une réévaluation des prix permettrait à sa société d'éviter le chômage partiel voire le licenciement d'une partie du personnel dont certains, en charge des contrats de la société pour laquelle travaille Loïc. Mr Levy n'a pas manqué de rappeler le professionnalisme et la détermination dont avait fait montre son personnel pour maintenir la cadence et tout en respectant les délais malgré la crise et les restrictions inhérentes à la covid-19.

L'approche, légère au téléphone puis par email avec davantage de précisions, était si habile que l'acceptation de la demande de discussion sur une possible réévaluation des prix devenait évidente. Ne fussent qu'en raison des relations contractuelles et commerciales qui liaient les deux entreprises et les deux hommes, il eut été malvenu de refuser une telle demande de discussion qui par ailleurs n'engageait pas la société de Loïc à accepter au final de modifier les prix à la hausse. Mr Levy était un fin négociateur qui avait savamment organisé sa stratégie. Sa tactique était imparable et quelques semaines plus tard, il signait avec la société de Loïc une révision des contrats avec les nouveaux prix.

Mr Levy a su coordonner ses moyens pour atteindre son résultat. <u>Il a soigné son approche a agi avec patience. Il s'est assuré de faire tomber progressivement les résistances que pouvait avoir Loïc, avant de lui adresser la demande de révision des prix.</u> Ceci était son objectif dès le coup de fil, mais il ne fut annoncé à Loïc que dans un second temps, par email pour éviter une réponse rapide et possiblement négative au téléphone. Il savait que c'était le bon moment et le meilleur moyen pour faire sa demande. C'est une tactique imparable qui fonctionne très bien. Je vous invite à l'essayer dans vos propres négociations.

2. L'exigence de prix détaillés

Dans les négociations d'achat, il est recommandé de ne jamais accepter la première offre de prix qui vous est faite. Diverses raisons peuvent servir de fondement à votre refus. Au rang de celles-ci figure le manque de détails suffisants, devant permettre une évaluation minutieuse de l'offre. Ceci n'est pas seulement un prétexte pour refuser la première offre et espérer que la seconde soit meilleure pour vous. Il s'agit d'une demande légitime dont le but est de recevoir de l'auteur de l'offre, davantage de détails, notamment en ce qui concerne le prix affiché. Celui-ci doit être suffisamment détaillé : études et design, matière première, logistique, fabrication, main d'œuvre etc. Seul un tel niveau de détail vous permettra de comparer efficacement plusieurs offre, puis de vous assurer de payer le juste prix.

Les fournisseurs seront souvent réticents à vous communiquer tous les détails des prix, car cela constitue pour eux un levier de négociation dont ils ne souhaitent pas de séparer. A l'inverse, obtenir ces détails doit être une exigence pour vous car elle prive l'autre partie d'un levier important de négociation tout en vous donnant un éclairage suffisant sur chacun des points à négocier. Sans ces détails qui vous renseignent sur la composition du prix, vous agirez en fondant vos actions sur des bases incertaines. Vous serez contraints d'improviser, d'avancer à tâtons, en fondant vos arguments de négociation sur des approximations. Dans l'exemple qui suit, tiré de la réalité, nous pouvons voir comment la gérante de la société *K19latrousse* (https://k19latrousse.com) a pu grâce à ce simple principe, préserver des marges importantes pour sa jeune entreprise.

En effet, pour donner suite à un appel d'offre pour la fourniture de 500 kits en fibre de bambou, la société *K19latrousse* a reçu cinq offres de fournisseurs chinois. A l'issue de la première évaluation de celles-ci, trois ont été retenues en raison de leur conformité aux réquisitions et leur prix compétitifs. Nous avions notamment 1450€, 1475€ et 1490€ pour 500 kits. Pour faciliter sa compréhension des offres et identifier des leviers de négociation, la gérante et son équipe commerciale ont demandé aux fournisseurs sélectionnés de réviser leurs offres et de préciser de façon claire et aisément identifiable, les coûts de conception, de matière première, de main d'œuvre, de logistique et bien entendu leur meilleur geste commercial.

Item	Supplier-1	Supplier-2	Supplier-3
Raw material	980€	970€	985€
Design	120€	125€	100€
Labor (man/hour)	260€	275€	300€
Logistics & shipment	80€ (4people & 3dyas)	100€ (3people & 3dyas	90€ (5people & 2dyas
Commercial gesture	10€	5€	15€
Total	**1450€**	**1475€**	**1490€**

Bien que les prix révisés aient été jugés insuffisamment détaillés, les informations recueillies ont servi de prétexte pour aller encore plus loin dans la demande de détails. C'est ainsi que la société a pu obtenir des détails supplémentaires concernant le volume des effectifs dans les entreprises retenues, la durée de travail applicable ainsi que le coût horaire du travail par catégorie d'emploi. Les fournisseurs ont également été invités à fournir des justificatifs sur les qualifications dont disposait leur personnel, les normes de fabrication qu'elles utilisent, leur politique de surveillance et de contrôle du processus de fabrication, leur politique de transport et d'expédition des marchandises, leur chaine de sous-traitance...

L'ensemble des réponses des fournisseurs, y compris aux demandes complémentaires, ont permis une comparaison plus complète et plus efficace. C'est ainsi que, contrairement à ce qu'il aurait été logique de faire en l'absence des données additionnelles (voir tableau ci-dessus), le marché fut attribué au fournisseur-3 malgré son prix, plus élevé comparé aux deux autres. La gérante de K19latrousse m'a confié qu'au vu de la qualité de la prestation obtenue, elle ne regrettait pas le choix osé qu'elle avait fait en retenant l'offre la plus coûteuse.

3. La technique de modulation des quantités

L e volume des commandes est un levier efficace en matière de négociation des conditions d'achat et plus spécifiquement, des prix. L'idée est simple. Vous commencez avec une demande qui ne soit pas trop éloignée des quantités minimales acceptables par le fournisseur. Ensuite, par palier et en fonction des contreparties que vous obtenez, vous modifiez progressivement à la hausse le volume de votre demande. L'impact d'une telle stratégie sur les conditions du vendeur ne se fait généralement pas attendre. Cela n'étant toutefois pas automatique, vous devrez en faire la demande au vendeur en lui faisant par exemple comprendre votre disponibilité à augmenter exceptionnellement les quantités commandées si en contrepartie il accepte de revoir en votre faveur, ses conditions de vente. Vous pourriez par exemple solliciter la prise en charge par la vendeur des coûts de packaging, de douane export ou de transport, la réduction du prix des marchandises etc. Vous devez évidemment garder à l'esprit que les gestes commerciaux que le vendeur accordent dans ces conditions demeurent des faveurs et doivent être considérées comme telles.

Quoiqu'il en soit et quel que soit ce que vous obtenez ou que vous n'obtenez pas, vous ne devez jamais oublier qu'il s'agit de business et de négociation. Ce rappel à votre mémoire a pour but de remettre en lumière quelques-unes des exigences qui entourent ces deux activités et qui s'imposent à vous, en votre qualité d'acheteur ou de négociateur étranger en Chine : la courtoisie, la rigueur et le respect. Ainsi, sans qu'il ne s'agisse d'exiger quoi que ce soit, vous pourrez par exemple demander à votre interlocuteur, quelle serait sa meilleure offre si vous commandiez 10 % de quantité de marchandise de plus. Vous aurez au préalable évalué en fonction de vos besoins réels, vos valeurs d'aspiration et vos valeurs de réserve. Vous pourrez alors jouer du curseur tant que vous restez dans les limites que vous vous êtes discrètement fixés.

En matière de négociation, il est parfois sage, pour recevoir, de savoir donner. C'est ce qui a fait dire à certains, à juste titre, qu'il ne devrait jamais avoir en négociation, de concession sans contrepartie. Chaque augmentation de quantité à acheter constitue une concession à laquelle vous devez veiller à recevoir une contrepartie conséquente.

Avec cette simple technique fondée sur l'équilibre du donner et du recevoir, vous augmenterez considérablement vos chances d'obtenir l'amélioration des conditions de vente et votre interlocuteur n'aura pas l'impression d'être le seul à faire des efforts. La technique n'exige rien d'autre que votre désir et votre décision d'oser l'appliquer. Vous pouvez commencer par la tester, même de manière complètement ludique et désintéressé et vous serez surpris de son efficacité. En Chine, elle marche à tous les coups. L'augmentation des quantités, notamment en cours de négociation, entrainera si vous en faites la demande, a minima une baisse des prix. N'oubliez pas de vous en servir et surtout, pensez à demander la contrepartie car en négociation comme dans la vraie vie, vous ne recevrez que si vous demandez.

4. L'utilisation stratégique des termes de paiement

Les fournisseurs chinois sont autant intéressés par les avances de paiement que vous, par les délais de livraisons. S'ils avaient le choix, ils privilégieraient toujours d'être payés en avance. Quant à vous acheteur, la préférence est de payer le plus tard possible. Il s'agit de deux logiques diamétralement opposées qui ne demandent pourtant qu'à être concilié. C'est à ce stade que votre intelligence de négociateur mais aussi de gestionnaire de risques entre en jeu pour développer et offrir à l'interlocuteur un avantage à valoriser qui en retour servira votre cause.

En procédant à un paiement en avance, vous affaiblissez votre pouvoir de négociation et de contrôle sur la commande. A l'inverse, obtenir le paiement à un moment tardif de l'exécution de la commande peut être une stratégie intéressante pour mettre et maintenir la pression sur le fournisseur afin qu'il agisse convenablement. Vous pouvez agir sur ces deux logiques pour obtenir l'amélioration des conditions de vente. Accordez leur un paiement anticipé et ils seront motivés et plus volontaires pour réagir favorablement à vos demandes. Aussi minime qu'elle soit, toute amélioration des conditions de ventes est un plus, une économie pour votre business. Saisissez l'occasion lorsqu'elle se présente.

De manière schématique et à titre purement illustratif bien que cela soit tiré de la réalité, une façon intéressante de procéder est de prévoir par exemple un premier pourcentage entre 10 et 25 % du prix à la passation des commandes de matières premières. Puis, un second paiement d'environ 25% voire 30% à la réception des matières premières et au début de fabrication, un troisième versement pour le solde à la livraison. Pour des commandes importantes portant sur des marchandises à haute valeurs ou nécessitant un temps de test et vérification d'opération, il est recommandé de réserver un dernier paiement de 5 à 10% du montant du contrat, payable après un certain temps d'utilisation sans incident, à définir. Quelle que soit la répartition, le fournisseur appréciera toujours de recevoir une partie du paiement en avance, même lorsque cela implique d'accorder une réduction ou de revoir en entier ses conditions de vente. Il s'agit d'une véritable opportunité de négociation des prix et des conditions générales de vente, que vous devez saisir et exploiter.

K20. Autres stratégies simples et efficaces

« Les détails font la perfection, et la perfection n'est pas un détail »

Attribué à Léonard de Vinci (1452-1519)

Une question qu'on me pose assez souvent au sujet du business en Chine est celle de savoir comment on fait pour négocier efficacement avec les Chinois. Ma réponse est chaque fois la même. Tant que vous vous préparez convenablement en intégrant les particularités culturelles précédemment évoquées, il n'est pas plus difficile de négocier avec un Chinois qu'avec un Occidental ou un Africain.

1. La négociation des prix en Chine : hérésie ou exigence ?

Contrairement à ce que pensent de nombreux Occidentaux et, dans une moindre mesure, certains Africains, la négociation des prix n'est pas une hérésie. D'ailleurs en Chine, l'hérésie réside dans le fait d'accepter un prix ou une offre sans négocier. Si vous avez l'intention de faire du business en Chine, vous devez intégrer ce fait et vous préparer à négocier, ne fusse que pour vous conformer aux us et coutumes. En Chine, vous devez être prêt et rentrer en négociation avec courage et confiance. De leur côté, les négociateurs chinois sont préparés et vous attendent sur ce terrain. Faites en sorte de ne pas les décevoir sur ce petit point car, aussi surprenant que cela puisse paraître, ils apprécieront davantage un accord durement obtenu qu'une validation expresse.

En prenant un peu de hauteur, on a l'impression qu'ils tirent une réelle satisfaction à batailler pour obtenir ce qu'ils reçoivent. La conséquence de cet état d'esprit, au-delà du business et du profit qu'ils réussissent à réaliser avec vous, est l'implication de l'égo au sens positif du terme, dans les négociations. Si par votre décision de vous soustraire à la négociation, vous froissez leur égo, vous en paierez le prix. Non seulement vous ne pourrez pas bénéficier de leur totale confiance, mais surtout vous aurez laissé passer l'occasion de les amener à revoir en votre faveur, leurs conditions de vente. En l'absence de négociation, vous paierez assurément un prix plus élevé que celui que vous auriez payé en jouant, simplement, le jeu de la négociation.

En Chine, souvenez-vous que l'hérésie réside dans le fait d'acheter au prix affiché, sans négocier. Il arrivera, bien que cela soit très exceptionnel, que votre négociation ne débouche pas sur un succès. Ce n'est pas grave car en le faisant, vous leur avez donné l'occasion de briller et d'avoir le sentiment de véritablement mériter leur gain. Ils sauront dès la prochaine occasion vous renvoyer l'ascenseur. Chaque fois que vous déciderez d'accepter la première offre qui vous est faite, il y a le risque que vous fassiez deux perdants. Vous en premier car vous auriez payé plus que le prix correct tout en perdant une occasion de renforcer vos liens avec votre interlocuteur. Le second est votre interlocuteur qui, malgré un gain plus élevé, ne ressentira pas ce plaisir que ressentent les vainqueurs. Par votre esquive de la négociation, vous l'avez privé d'une noble bataille.

Pour réussir dans vos business en Chine, vous aurez besoin de partenaires commerciaux fiables et disponibles. Comme c'est le cas dans toutes les relations, chaque partie doit y mettre du sien pour atteindre la situation d'harmonie profitable à tous. Une chose importante qui vous échoit dans le cadre d'une telle construction avec des Chinois, est votre aptitude et votre disponibilité pour négocier. Vous souhaitez gagner leur sympathie ? Négociez ! Vous désirez de meilleures conditions de vente ? Négociez ! Vous voulez obtenir leur soutien et réaliser des business profitable ? Négociez !

En Chine, si tout n'est pas négociation, la négociation est dans tout. Négociez, négociez encore, négociez toujours. Donnez-vous les moyens de le faire efficacement en vous formant et en vous préparant. C'est le secret pour prendre le contrôle et le pouvoir dans vos relations d'affaires. Certes cela n'est pas facile mais il existe des règles simples à respecter pour y parvenir. Tout d'abord, il y a des choses que vous devez dans la mesure du possible, éviter. La négociation étant à la base une affaire de personnes et de contacts, les négociations par email, *Skype*, *WhatsApp*, *WeChat*, *Teams*, *Zoom* ou par téléphone sont à proscrire. Si vous y êtes contraint par les circonstances comme c'est le cas pour de nombreuses personnes depuis le début des restrictions liées à la Covid-19, vous devez prendre quelques précautions d'usage :

- Passer un coup de fil courtois à votre interlocuteur pour préparer le terrain avant d'envoyer votre email. Vous souvenez-vous de la stratégie de Mr Levy (voir K19) ? ;

- Si la négociation doit se faire au téléphone, installez-vous dans un endroit calme et confortable. Assurez-vous qu'aucune perturbation ne vienne vous interrompre pendant un appel aussi important ;

- Souvenez-vous que la négociation est un acte de communication globale qui de ce fait, implique le verbal, le non verbal et le para verbal. En ce qui concerne le verbal, même au téléphone, celui-ci demeure globalement accessible. Quant au para verbal qui est constitué de signaux vocaux tels les intonations de la voix, les hésitations ou les silences, il vous sera possible de les percevoir au téléphone mais ils seront moins lisibles que si l'interlocuteur était en face de vous. Enfin, le non verbal qui renvoie à ce que les spécialistes de la communication qualifient de langage postural, se manifeste à travers la gestuelle, les mimiques du visage, les agitations, la transpiration ou la cinétique de déplacement. Ces marqueurs de la communication non verbale ne sont pas perceptibles au téléphone. Lorsque votre interlocuteur est en face de vous, vous l'observez et avez la possibilité de vous assurer de la véracité de ses propos en vérifiant simplement la congruence entre ce qu'il dit et ce que dit son corps. Au téléphone, vous n'aurez pas accès à tous les éléments permettant de vérifier ce marqueur de vérité. Le risque que l'interlocuteur vous mente est plus élevé. Tout changement soudain de ton ou de la vitesse de communication doit vous alerter. Il peut s'agir d'un signe de colère, de stress ou à l'inverse, un signe de joie que votre interlocuteur aurait souhaité dissimuler ;

- Au téléphone, il est important d'être correct et plus poli qu'en présentiel. L'interlocuteur ne vous voit pas et ce qu'il perçoit ou ressens est sa réalité du moment. Veillez à ce que cette dernière soit suffisamment agréable pour le motiver à aller dans votre sens ;

- Assurez-vous de ne pas utiliser des mots ou expressions susceptibles de faire croire ou comprendre à votre interlocuteur que devenez nerveux, stressé ou même joyeux. Il n'hésitera pas à s'en servir contre vous ou simplement à son avantage ;

- Lorsque vous arriverez à la fin de votre négociation téléphonique et quelles qu'en aient été les conclusions, restez poli et courtois puis remerciez sincèrement votre interlocuteur pour le temps qu'il a bien voulu vous consacrer, mais aussi pour les conclusions, même négatives, auxquelles vous êtes arrivées.

Au regard de tout ceci et comme on peut désormais aisément l'imaginer, le risque d'erreur d'appréciation, de mauvaise compréhension ou de confusion est nettement plus élevé quand on négocie avec quelqu'un qui n'est pas physiquement en face de nous. De plus, il est beaucoup plus compliqué de vérifier la congruence et ainsi de détecter le bluff par exemple chez notre interlocuteur. L'avantage d'avoir votre interlocuteur en face lors de négociation est la garantie de bien le comprendre. De comprendre tout ce qu'il exprime et pas seulement ce qu'il dit avec ses mots. Mieux vous les comprendrez et plus facile il sera de répondre à ses préoccupations, si tel est votre l'objet de votre accord. Vous pourrez alors lui apporter une solution sur mesure qui le rende heureux et plus disposé à vous aider à atteindre vos propres objectifs.

2. Jamais sans *MESORE*

Le terme *MESORE* (ou *BATNA* en anglais) est utilisé pour désigner votre meilleure solution de rechange. C'est une technique qui vous permet de vous prémunir d'issues insatisfaisantes que vous pourrez être tenté d'accepter par défaut. Avec la *MESORE*, vous arriverez à la table des négociations avec une arme secrète. Vous serez prêt à quitter la salle si les choses prenaient une tournure inattendue et désavantageuse pour vous. Développée par les théoriciens de la méthode de négociation de Harvard, la *BATNA* dont l'équivalent français est *MESORE* a été largement vulgarisé par William Ury et Roger Fisher dans leur best-seller intitulé ***Getting to yes***.

Comme son nom l'indique, la *MESORE* désigne votre meilleure solution de rechange. Elle doit être votre fidèle alliée pour toutes vos négociations. C'est la conscience de sa présence qui fera naitre chez vous la confiance et la détermination nécessaires pour aborder vos négociations. Vous serez d'autant plus libre et tranquille que vous savez que vous avez cette *MESORE* que l'on peut encore qualifier de plan B. Mais attention, par plan B il ne faut pas entendre plan de seconde zone. Il s'agit en réalité d'un plan A' ou A bis.

Même si on a coutume de la considérer comme un plan B , votre *MESORE* doit idéalement être l'équivalent de votre plan A afin de vous procurer toute la confiance grâce à laquelle vous déciderez sans hésitation de quitter la table des négociations si celles-ci devaient prendre une tournure imprévue et insatisfaisante pour vos intérêts. À titre d'illustration, revenons un instant sur l'exemple de la société K19latrousse utilisée précédemment. Nous avons vu que cette société avait sollicité plusieurs entreprises pour la fourniture de kits anti-Covid-19 en fibre de bambou. Parallèlement aux négociations avec les trois fournisseurs retenus, la société avait, dans le plus grand secret, entamé des négociations avec son précédant fournisseur. Elle avait un plan B, prêt et actionnable à tout moment. C'était la solution alternative, c'était sa *MESORE*.

Le fait d'avoir entamé des négociations secrètes et parallèles offrait à la société K19latrousse une solution de secours en cas de complication ou d'échec des négociations avec les trois autres. Elle disposait ainsi d'une solution de remplacement toute prête qui la protégeait par ailleurs du risque de devoir relancer un processus complet d'appel d'offre, chronophage et coûteux. En l'absence de MESORE, un désaccord dans le processus de négociation avec les trois fournisseurs retenus aurait plongé la jeune entreprise dans une situation désastreuse. Elle aurait alors été contrainte de reprendre l'ensemble du processus d'achat, mais et c'est probablement plus pénalisant, elle aurait été très embarrassée par ses clients qu'elle livrerait avec un retard significatif.

Pour être efficace, votre *MESORE* doit être définie en prenant en compte dans la négociation principale en cours, votre valeur d'aspiration et votre valeur de réserve. En d'autres termes, vous devez connaître en amont et garder en tête tout au long de la négociation, deux exigences répondant aux questions suivantes :

- Jusqu'où suis-je prêt à aller dans cette négociation ?

- Quelle est ma solution de repli au cas où la solution envisagée échouerait ?

L'examen de ces questions et la préparation des réponses en amont des négociations proprement dites, vous libère l'esprit. Vous êtes alors à l'abri de cette inexplicable paralysie qui s'emparent des négociateurs non préparés et les maintient à la table des négociations alors même qu'elles se font grossièrement exploitées. Une bonne MESORE vous met dans un agréable état de confiance qui renforce psychologiquement votre pouvoir d'influence dans la négociation.

3. Veiller sur votre *QCD*

La qualité, les coûts et les délais sont les trois piliers du triangle *QCD* sur lequel doit reposer votre business. Vous connaissez désormais divers leviers que vous pouvez actionner pour faire modifier en votre faveur, les conditions de ventes et en particulier les prix et les délais. Nous allons ici nous intéresser spécifiquement à la qualité. Davantage que le prix ou les délais, le non-respect des exigences de qualité peuvent compromettre définitivement l'avenir de votre business. Vous pouvez également l'utiliser comme levier dans vos négociations. Pour illustrer ceci, reprenons le tableau d'analyse des offres précédemment utilisé. Il a été légèrement modifié pour les besoins de la cause.

Item	Supplier-1	Supplier-2	Supplier-3
Quality / Standard	ISO 9001	Internal surveillance	ISO 9001
Quality rate	4/5	4.5/5	4.5/5
Base material	Synthetic bamboo	Bamboo	Bamboo
Labor & lead time	4 people & 3 days	3 people & 3 days	5 people & 2 days
Packing & Packaging	Plastic box	Wooden case	Reinforced plastic box
Commercial gesture	Included	Included	Included
Total	1450€	1475€	1490€

Rappelez-vous, la société K19latrousse avait retenu le fournisseur-3 malgré son prix plus élevé par rapport aux deux autres. Imaginez maintenant que K19latrousse ait à ce moment-là décidé d'abaisser ses exigences de qualité. Dans ce cas, au moins deux autres solutions auraient alors été envisageables :

- demander au fournisseur-3 de fabriquer et livrer des marchandises de moindre qualité en abaissant ses prix,

- attribuer le contrat au fournisseur-2 et utiliser l'absence de norme ISO comme levier de négociation pour des aller chercher un prix bas.

Les possibilités sont nombreuses et il appartient à chacun de faire son choix en fonction de ses convictions et de sa stratégie commerciale globale.

Une question qu'on me pose assez souvent au sujet du business en Chine est de savoir comment on négocie efficacement avec les Chinois.

Ma réponse est chaque fois la même : on se prépare convenablement, en intégrant les particularités culturelles chinoises, et on fait comme eux.

Quatrième partie. DES INTERDITS ET DES ASTUCES

Chapitre 8. Des erreurs et des conséquences

« L'échec est le fondement de la réussite. Le succès est le lieu de l'échec »

Lao Tseu (5è-6è siècle av JC)

Pour commencer, il convient de rappeler qu'il n'existe pas de potion anti-revers. Il n'existe que des préalables à connaître et à appliquer pour réduire à zéro votre exposition aux risques d'échec. L'utilité desdits préalables varie en fonction des situations comme nous le verrons. Ils ont en commun de contribuer à créer les conditions du succès de votre business. Il s'agit principalement de la préparation étendue à l'étude de la culture, au recours à un représentant local ou à la clarification de ses besoins. Ils ont largement été abordés dans les sept chapitres précédents et il n'est pas questions de les analyser à nouveau ici.

Dans ce huitième chapitre, l'accent sera mis quelques-unes des erreurs communément commises par les étrangers arrivant en Chine. Vous devez absolument connaître afin de vous en prémunir. La présentation de ces cas d'échecs n'a pas pour but de vous effrayer et encore moins vous décourager. Le but est essentiellement d'attirer votre attention afin que vous agissiez en connaissance de cause, au mieux de vos intérêts, et surtout pour que vous préserviez toutes vos chances de succès dans un environnement aussi éloigné et exigeant que le marché chinois.

K21. Tous vulnérables

« La plus grande erreur que vous puissiez faire dans la vie est de craindre continuellement d'en faire une »

Elbert Hubbard, philosophe et entrepreneur américain (1856-1915)

Common Mistakes

Nous verrons ici quelques échecs majeurs et célèbres, considérés comme tels en raison de la taille et de l'image des entreprises concernées. L'idée est de tirer des leçons des expériences des autres plutôt que de se laisser décourager par ce qu'ils ont vécu. Il est bon de connaître et de garder à l'esprit les erreurs ayant conduit d'autres aux échecs car, les échecs peuvent parfois être aussi inspirants que les succès. Dans chaque situation, il y a du positif et du négatif. Tout est une question de point de vue. Le but de ce livre n'est pas simplement d'orienter votre regard vers le côté positif de chaque situation. Ce serait déjà bien assez mais il y a mieux. Pour vous permettre de bien comprendre, imaginez chaque situation comme une pièce de monnaie et avec ce livre, apprenez à vous installer sur la frange afin de garder un contact visuel sur ses deux côtés : la face et le revers. Les exemples d'échec présentés ici ont été volontairement été choisis pour que vous puissiez aisément comprendre les causes. Vous gagnerez à vous en inspirez, non pas pour les reproduire mais pour apprendre à les repérer suffisamment tôt pour les éviter avant qu'il ne soit trop tard.

1. De l'impréparation

Avez-vous déjà ressenti la frustration que vous pouvez avoir lorsque vous manquez une occasion parce que vous n'étiez pas bien préparé ? Vous regrettez et vous vous blâmez, mais cela ne change rien, car il est trop tard. La réussite n'est pas une question de chance, comme certains le pensent. Je ne peux pas vous imaginer comme un de ces rêveurs. Le succès est une question de préparation. Si vous continuez la lecture de ce livre, c'est bien la preuve que votre motivation est plus qu'une simple envie de divertissement. Dans tous les cas, et même si le divertissement était votre seule motivation, le simple fait de le lire constitue en soit une préparation à d'éventuelles futures négociations. Continuez et vous vous rendrez vite compte, si ce n'est déjà le cas, que cette chose que certains qualifient de « *chance* » n'est rien d'autre qu'une rencontre entre la préparation et de les opportunités.

Ce qui précède m'amène à penser que le succès repose généralement sur trois piliers principaux : la préparation, le choix du moment et l'opportunité. Dans vos affaires en Chine, comme dans la vie réelle, vous rencontrerez également des opportunités. Cependant, vous ne les verrez ni ne saurez les saisir et les utiliser à votre avantage que si vous êtes prêt. Sinon, vous ne les remarquerez même pas et en observant les autres, vous risquez de vous plaindre de ne pas avoir autant de chance qu'eux. Ce n'est pas le cas. Vous êtes seul responsable de ce qui vous arrive. En prenant le risque de vous lancer dans les affaires sans préparation, vous avez en quelque sorte décidé de garder les yeux fermés. Pas étonnant que vous ne voyiez pas les opportunités qui gravitent autour de vous.

Se préparer ne signifie pas seulement y réfléchir ou faire une déclaration. Se préparer, c'est prendre le temps en amont de se former et d'acquérir les moyens qui vous permettront, le moment venu, d'identifier et de saisir rapidement les opportunités qui se présenteront. La préparation ici consiste deux choses : planifier des activités longtemps en avance puis veiller à les exécuter suivant le plan. Comme dit le proverbe, *« les gens ne prévoient pas d'échouer, ils échouent à prévoir »*. Il est de votre responsabilité d'agir de manière à ne pas être de ceux qui échouent par défaut de planification. La préparation ne présente que des avantages. Elle permet notamment de booster la confiance en soi tout en augmentant la motivation à passer à l'action.

La confiance en soi qui découle d'une préparation appropriée génère chez les personnes qui la possèdent, un plus haut niveau d'audace. Elle annihile donc la peur et divers autres freins au passage à l'action. Les personnes ainsi libérées et soulagées, sont plus attentives aux signaux environnants et c'est sans surprise qu'elles identifient plus rapidement que les autres, les opportunités qui se présentent. Fini les craintes et les hésitations, fini les regrets et remords pour des opportunités passées inaperçues ou insuffisamment exploitées.

La préparation a ceci de magique qu'elle vous plonge dans un état d'esprit actif, alerte et prêt à agir. Elle vous évite de rester assis, attendant que la roue de la fortune tourne en leur faveur. La préparation vous pousse à vous comporter comme si vous n'aviez d'autres options que d'être prêt, d'agir en saisissant chacune des occasions qui se présentent. Évidemment vous pourrez décider de ne pas toutes les saisir. Ce sera dans ce cas un choix délibéré de votre part et non une opportunité manquée. A l'inverse, les personnes non préparées sont généralement dans un état d'esprit plus passif. Elles sont, davantage que les autres, sujettes à diverses déconvenues et à de douloureuses désillusions suite aux espoirs non satisfaits. Ces personnes comptent énormément sur la chance, oubliant que cette dernière n'est pas un fait de hasard. Si vous voulez avoir de la chance, vous devez la provoquer en vous préparant soigneusement. En fait, c'est du mariage de la préparation et des opportunités que nait la chance.

Il y a à l'évidence deux logiques contradictoires et vous devez faire un choix. D'une part la logique active des personnes optimistes et chanceuses qui n'agissent pas sans être préparés. D'autre part la logique passive des attentistes qui vivent sur l'espoir et compte sur la providence. C'est à chacun qu'il revient de décider de sa logique et par ricochet, sa stratégie et son camp. Les personnes qui réussissent n'attendent pas que les choses se fassent d'elles-mêmes ou par d'autres. Elles agissent en amont sans être dans la précipitation et le stress des actions qui entourent les actions faites à la hâte parce qu'il n'y a plus assez de temps pour les réaliser convenablement. Elles anticipent les actions, conscientes du fait que ce qui est fait n'est plus à faire et que chaque action réalisée est une étape vers la réalisation du plan.

2. Des malentendus culturels

Les malentendus culturels sont à l'origine de nombreuses faillites d'entreprises en Chine. Si vous ne prenez pas le temps d'apprendre quelques rudiments de la culture chinoise, vous risquez d'être très surpris par leur mentalité. Sans préparation, vous pouvez espérer réussir et faire des affaires avec des fournisseurs chinois. Cependant, les différences sont si grandes qu'il est presque certain que vous ne ferez jamais aussi bien que ceux qui ont pris le temps d'étudier les spécificités de cette culture ainsi que leur influence dans le monde des affaires chinois.

Si le marché chinois continue à résister aux tentatives de transformation induites par la mondialisation des économies, il offre encore d'énormes opportunités commerciales à ceux qui osent s'y aventurer. Toutefois, les étrangers doivent satisfaire à des exigences élevées, notamment en ce qui concerne le billet d'entrée. Plus généralement, il s'agit de comprendre et d'intégrer certaines particularités de la culture chinoise dans vos stratégies de négociation et d'affaires. Vous trouverez dans ce livre la manière la plus efficace de le faire.

3. Des demandes et des spécifications floues

En Chine, vous recevrez généralement des produits correspondant à vos spécifications et au prix que vous avez payé. Le risque de déception est faible si les spécifications que vous avez fournies sont claires et le prix payé, correct. Dans le cas contraire, et cela arrive malheureusement souvent, notamment du fait de la précipitation, de la négligence ou pour des soucis de communication, vous recevrez autre chose que ce que vous aviez dans l'idée. Il est crucial d'être clair, précis et concis lorsque vous communiquez vos exigences à un fournisseur ou un fabricant chinois. L'aide du représentant local, notamment pour l'interprétation, la traduction et les clarifications a tout son rôle dans cette phase. Quoiqu'il en soit et avec ou sans interprète, vous devez trouver le moyen de vous assurer qu'ils vous ont bien compris. N'hésitez pas à leur faire répéter, schématiser ou confirmer par écrit ce qu'ils ont compris afin que vous puissiez par comparaison valider ou rectifier.

De votre côté, n'hésitez pas à leur fournir des dessins, des croquis ou des photos exactement ce dont vous avez besoin. Ne prenez jamais un *« Oui »*, un *« Oui je vois »*, un *« Oui c'est clair »* ou une telle réponse pour acquis. N'oubliez pas que nous sommes en Chine et que, parfois, des mots ou des phrases n'ont pas le même sens qu'en Occident. *« Oui »*, *« Oui je vois »*, *« Oui c'est clair »* et toutes ces expressions signifient souvent *« j'ai entendu ce que vous avez dit »* et non *« je comprends et je suis d'accord »*. Faites attention !

Une fois que vos exigences ont été communiquées avec succès au fournisseur, il y a toujours une marge d'erreur. C'est pourquoi vous devez préparer un plan de suivi rigoureux qui contient un calendrier d'inspections régulières. Cela vous permettra de garder le contrôle de la production de vos marchandises et de pouvoir détecter à temps tout écart par rapport aux spécifications. Un plan de correction peut alors être défini et mis en œuvre sans que cela n'affecte vos marchandises.

Une autre source d'erreur dont vous devez être conscient est celle des modifications apportées pendant la phase d'exécution du contrat. Lorsque vous apportez des modifications à vos spécifications pendant la fabrication, par exemple, vous devez savoir que cela peut être source de confusion pour votre fournisseur. Un moyen simple de réduire ou d'éviter ce risque est de traiter chaque modification avec autant de rigueur que s'il s'agissait d'un nouveau contrat. <u>Une erreur courante consiste à supposer que le fournisseur comprendra et appliquera facilement la modification parce qu'il la considère comme un petit détail.</u> Un changement est un changement quelle que soit l'importance qu'il représente pour vous.

4. De l'absence d'audits

Un audit est un processus d'analyse d'une entreprise. Il est généralement réalisé par un prestataire de services indépendant. C'est un processus nécessaire, mais il est coûteux pour l'entreprise qui le commande. L'objectif principal est de vérifier le statut juridique du fournisseur, son respect des normes et des lois régissant son activité, sa solidité financière et les compétences dont il dispose. En bref, l'audit permet de s'assurer que le fournisseur remplit les conditions requises pour exécuter de manière satisfaisante les services qu'il est prêt à lui commander. La décision d'auditer ou non votre chaîne d'approvisionnement vous appartient. Elle dépend en grande partie de la taille de votre business, de ses ressources financières et de sa stratégie. Elle dépend également de la durée des relations d'affaires avec les entreprises concernées. Idéalement, l'audit devrait être effectué avant l'attribution du contrat, en particulier lorsqu'il s'agit d'un nouveau fournisseur. Pour les fournisseurs avec lesquels vous êtes déjà en affaires, l'audit peut être effectué et renouvelé à tout moment.

L'auditeur est habilité, entre autres activités, à vérifier les certifications du fournisseur, les normes qu'il applique, les qualifications de son travailleur, son système de gestion de la qualité. Les certifications et les qualifications ne sont généralement valables que pour une certaine période. Soyez attentifs à cela. Vous ne devez jamais prendre l'audit à la légère. Sa réalisation est une étape décisive vers le triangle de la *QCD* sur lequel repose le succès de votre business.

5. Des accords informels

Bien que le contrat signé ne soit pas aussi important en Chine qu'en Occident, je vous recommande néanmoins de veiller à en signer un à chaque fois que vous passez un accord. Vous n'êtes pas chinois et il est important que vous gardiez une trace de votre culture d'entreprise dans la relation. En cas de litige, ce sera souvent votre seule base de défense. Le contrat doit contenir des éléments clés tels que le domicile de la partie adverse, la description et les spécifications des biens ou services achetés, la quantité, le temps de fabrication, le prix, le lieu de livraison plus l'Incoterm applicable, la liste des documents à délivrer par le fournisseur pour approbation, les critères et les délais de cette approbation, etc.

K22. Des échecs célèbres

« Je vous dirai que je n'ai jamais eu d'échec dans ma vie. Il n'y a pas eu d'échec. Il y a eu des leçons terribles »

Oprah Winfrey, animatrice et productrice de télévision américaine

Fortement facilité par l'Internet et les plates-formes de commerce électronique, le commerce en Chine est de plus en plus ouvert à tous, particuliers ou hommes d'affaires. Les choses semblent si simples que certains partent parfois à l'aventure sans se préparer

Cependant, faire des affaires en Chine peut être particulièrement compliqué. Il existe de nombreux risques et pièges auxquels même les grandes entreprises sont exposées. Plusieurs exemples d'échec célèbres nous enseignent qu'être une multinationale ou un géant disposant d'un budget important et de personnel qualifié ne garantit pas le succès sur le marché chinois. Voici deux exemples.

1. Nike

Nous sommes à la fin de l'année 2015 en Chine. Les préparatifs du Nouvel An chinois sont présents dans tous les esprits et dans les stratégies commerciales des entreprises locales et étrangères. Comme chaque année à la même époque, les entreprises rivalisent d'inventivité pour être celles qui attireront le plus de clients. Cette année, Nike, le spécialiste des vêtements de sport de renommée mondiale, a conçu un modèle de baskets dédié à l'événement. Un souhait est inscrit sur chaque pied de sneaker en caractère chinois traditionnel. Au dos du pied gauche, le mot *Fa* (發) pour souhaiter *« richesse et prospérité »* et au dos du pied droit, le mot *Fu* (福) pour souhaiter *« chance et fortune »*. Jusqu'ici, tout va bien !

Le problème se pose lorsque les deux chaussures sont mises côte à côte et que les deux messages deviennent une seule et unique expression dont le sens est loin de la prospérité, de la fortune ou de la chance. En fait, mis côte à côte comme le montre l'image ci-dessus, le message devient « *Fa Fu* » qui signifie littéralement *« grossir »* ou *« devenir gros »*. Dire cela à quelqu'un en Chine ou parler du poids de quelqu'un de cette façon est une insulte très grave et intolérable, surtout lorsqu'elle vient d'un étranger. Nike l'a appris à ses dépens et a payé le prix fort malgré les explications et les excuses de ses dirigeants. Les consommateurs chinois avaient trouvé les souhaits de Nike insultants et de très mauvais goût. C'est ce que rapporte l'agence de marketing Campaignasia.com, qui ajoute que le *microblog officiel Weibo de NikeStore* a reçu sur la période, en réponse à ce qu'elle considère comme une insulte, plus de 2 550 commentaires hostiles à la marque.

2. Mercedes-Benz

Le 6 février 2018, dans un article de Pei Li, Adam Jourdan relayé par le célèbre Reuters, on y apprenait que Mercedes-Benz s'était excusée auprès des consommateurs chinois pour avoir montré dans une publicité une de ses voitures de luxe avec cette citation suivante attribuée au Dalaï Lama, que la Pékin considère comme un dangereux séparatiste : *« regardez les situations sous tous les angles et vous serez plus ouvert »*. Face à la flambée de colère, le constructeur allemand avait alors déclaré sur son site officiel, qu'il avait immédiatement supprimé le post controversé et avait présenté ses plus sincères excuses au peuple chinois.

C'est le signe que les marques étrangères se méfient de plus en plus des dommages à la réputation que peuvent causer des faux pas sur des questions délicates de politiques.

Très remonté contre ce qu'ils considéraient comme une offense grave, les internautes chinois avaient largement manifesté leur colère sur la toile, forçant l'entreprise à préciser que des mesures étaient immédiatement pour *« approfondir leur compréhension de la culture et des valeurs chinoises,... afin d'aider à normaliser leurs actions pour garantir que ce genre de problème ne se reproduise plus »*.

Si vous avez l'intention de faire des affaires en Chine, il y a beaucoup de choses à apprendre, à comprendre et à appliquer. Au rang de celles-ci figure en bonne place une interdiction fondamentale relative à la politique intérieure ou extérieure du pays. Vous ne devez éviter de commenter et encore moins de critiquer. La politique chinoise est ce qu'elle est, elle doit être considérée et respectée. Le risque de commettre des impairs en commentant ou en communiquant ses opinions est grand et les conséquences peuvent être très dommageables pour votre business mais pire encore, pour vous à titre personnel. La simple présomption découlant d'un commentaire apparemment anodin de votre part sur un sujet de politique chinoise peut enrailler la machine et déclencher contre votre business et vous une avalanche de problèmes. Occupez-vous de votre business et laissez à la Chine sa politique. Vos opinions personnelles n'y changeront rien, alors épargnez-vous les ennuis.

L'objectif de cette présentation de cas d'échecs d'entreprises de rang mondial était non seulement de sensibiliser sur les erreurs à éviter, mais aussi de montrer combien insignifiants vous et votre business pouvez être face à la Chine. A l'instar des entreprises présentées ici, plusieurs autres très grandes entreprises ont, par mépris ou par ignorance de particularités culturelles chinoises, commit des erreurs en Chine. Il s'agit entre autres d'Amazon, Carrefour, Delta Air Line, Groupon, Home Dépôt, Marriott International, Zara. Le prix à payer pour certaines a été le départ pur et simple de la Chine. Malgré leur taille, leur puissance financière et leur renommée internationale, elles ont échoué. Dans la quasi-totalité des cas, l'ignorance de certaines particularités culturelles, souvent considérées par les étrangers comme des détails, y est pour beaucoup. Si vous aussi considérez ces éléments de la culture comme des détails, souvenez-vous que le diable s'y cache.

> Les échecs pouvant être aussi inspirants que les succès, il est crucial de connaître et de garder à l'esprit nos erreurs, mais aussi celles des autres.

Chapitre 9. Check-list et Petits conseils

« Lorsque l'élève est prêt, le professeur apparaît. Quand l'élève est vraiment prêt, le professeur disparaît »

Lao Tseu (5è-6è siècle av JC)

Les 15 conseils ci-dessous sont utiles à tous car ils sont tirés directement de tous les conseils ci-dessus. Toutefois, je les ai simplifiés pour les rendre plus faciles à utiliser. En outre, je les ai délibérément formulées de manière à ce qu'elles soient principalement orientées vers les pratiques de négociation, très courantes sur les marchés chinois. L'objectif est de fournir aux professionnels, aux particuliers et aux touristes les clés à utiliser pour négocier efficacement en Chine. Les clés facilitent la détection de la ruse de certains commerçants et fournisseurs. Utilisez-les adroitement et tirez le meilleur de toutes vos négociations.

K23. Une check-list pour rester en alerte

« Que la force me soit donnée d'endurer ce qui ne peut être changé, et le courage de changer ce qui peut l'être, mais aussi la sagesse de distinguer l'un de l'autre »

Marc Aurèle, Empereur, philosophe et écrivain romain (121 - 180)

1	Définir le type de négociation : sur un seul plan ou sur un plan d'une série	✓
2	Déterminer le but exact de la négociation et, pour toutes les parties concernées, les objectifs et les alternatives	✓
3	Identifier vos forces et vos faiblesses et essayez d'identifier celles de votre interlocuteur	✓
4	Vérifier votre état émotionnel et, si possible, celui de votre interlocuteur avant et pendant la négociation	✓
5	Assurez-vous de bien connaître votre homologue (KYC) : identité, expérience et contexte culturel, etc.	✓
6	Mettre en place une stratégie de négociation et se préparer en conséquence : stratégie distributive basée sur la théorie des jeux ou stratégie intégrative fondée sur la théorie du gagnant-gagnant ?	✓
7	Ne jamais entamer de compromis avant que les deux parties aient la même compréhension des buts et objectifs de la négociation en cours	✓

8	S'assurer que la négociation se déroule dans un lieu ou une salle de réunion bien aménagé(e) et confortable ; pas de distraction, pas de perturbation Sauf si cela fait partie de votre stratégie	✓
9	S'assurer de disposer de tous ses outils, ressources et données nécessaires avant d'entamer des négociations	✓
10	Définir votre MESORE (BATNA) et ses conditions applicables	✓
11	Définir sa valeur d'aspiration et identifier celles de l'interlocuteur. Cela implique 3 objectifs possibles & une MESORE : * objectif A : le meilleur résultat acceptable * objectif B : le compromis tolérable * objectif C : le résultat inacceptable => MESORE (BATNA)	✓
12	Ne jamais négocier avec une personne non autorisée et respecter le statut hiérarchique des négociateurs chinois	✓
13	Constituer une équipe avec des personnes compétentes et attribuer à chacun une tâche	✓
14	Supprimer de votre stratégie de communication toute référence à la politique, à l'idéologie, aux egos, aux religions ou aux questions personnelles	✓
15	Se souvenir que toute incertitude ou signe d'impréparation seront détectés et utilisés contre vous	✓

K24. Les 21 petits conseils pour négocier comme un pro

« Certains veulent que cela arrive, d'autres voudraient que cela arrive, et certains le font »

Michael Jordan, joueur de basket-ball américain

Comprendre le style de négociation chinois et les spécificités qui le diffèrent profondément de tout ce que vous connaissez avant d'y arriver, confirme que, même dans ce domaine, il n'y a pas de vérité universelle. La seule chose universelle est le fait que dans la négociation il n'y a pas de vérité, il n'y a que des perceptions. Que nous soyons chinois, africains ou occidentaux, nos perceptions sont ce sur quoi nous fondons d'abord nos jugements. Donc, comme nous sommes tous différents, la question se pose de savoir comment identifier et comprendre les perceptions des autres.

Nous savons que pour parvenir à un accord, il est essentiel de comprendre les autres et d'être compris. Une chose simple que vous pouvez faire pour comprendre les autres est de leur poser des questions. C'est une chose que nous savons tous faire normalement. Vous devez également vous poser des questions parce qu'il est essentiel que vous vous compreniez vous-même. Dans son célèbre livre *The Personal MBA*, David Allan affirme que *« le simple fait de garder une question à l'esprit et de réfléchir à différentes réponses possibles peut mener à des chemins inattendus »*. Donnez-vous la chance de vivre l'émerveillement de ces chemins possibles et inattendus. Vous en êtes capable et cela ne vous fera que du bien. Lors d'une négociation avec les Chinois, par exemple, vous pouvez vous demander à chaque étape si vous ne bafouez pas un ou plusieurs des conseils suivants.

1	N'acceptez jamais le premier prix demandé. Négociez !	✓
2	Votre première offre sur le marché ne doit jamais dépasser 30 % du prix affiché	✓
3	Soyez patient, plus vous négociez longtemps, moins vous payez	✓
4	Vous recevrez ce que vous négociez et non ce que vous méritez. Négociez !	✓
5	Prenez le contrôle de vos émotions et méfiez-vous des bluffs. Les fournisseurs chinois sont d'excellents acteurs et savent où se situe leur intérêt	✓
6	Le mot clé est le respect. Agissez toujours avec respect envers vos interlocuteurs	✓
7	Vous saurez rapidement que vous avez atteint un prix acceptable s'ils refusent votre offre tout en essayant de vous retenir	✓
8	Le prix que vous payez détermine la qualité que vous recevrez. Si vous payez pour une **Rolaix**, vous ne rentrerez pas chez vous avec une **Rolex**	✓
9	Si vous ne menacez pas au moins une fois d'abandonner la négociation, vous risquez fort de payer plus que ce qui peut être fait à quelques mètres de distance	✓
10	Le temps, c'est de l'argent et la négociation est le compromis entre le temps passé et le prix à payer. Prenez le temps de négocier et économisez votre argent	
11	La langue des affaires est ici l'anglais. Cependant, parler un peu de mandarin est très apprécié et peut aider considérablement à obtenir de bons prix	✓
12	Vous serez toujours mieux placé pour négocier pendant les jours ouvrables et les premières heures. Évitez les fins de journée, les week-ends et les fêtes nationales chinoises	✓
13	Presque tous les articles sont vendus dans plusieurs magasins du marché. Si le prix que vous proposez n'est pas accepté, essayez le magasin suivant avec une petite augmentation et ainsi de suite	✓

14	N'oubliez pas que si nous avons deux yeux, deux oreilles et une bouche, c'est peut-être parce que nous avons besoin de regarder et d'écouter plus que de parler. L'écoute stratégique et les silences méthodiques sont essentiels dans les négociations	✓
15	Chaque fois que vous recevez une offre, dépêchez-vous de demander quelle est leur meilleure offre. Demandez ensuite quel geste commercial ils peuvent faire si vous commandez une plus grande quantité	✓
16	Le prix de votre offre ne devrait pas changer jusqu'à ce qu'ils s'énervent et cessent de parler. Ils ne commenceront à négocier que si votre prix est acceptable ou très proche de ce qu'ils sont prêts à accepter. S'ils ne disent rien, proposez un meilleur prix ou cherchez ailleurs	✓
17	Utilisez la stratégie consistant à augmenter la quantité de marchandises. Commencez à négocier à un certain prix pour une certaine quantité, puis augmentez la quantité tout en demandant une réduction du prix ou de meilleures conditions de vente. Cela fonctionne !	✓
18	Évitez les rabatteurs qui vous approchent à l'entrée du marché pour vous proposer de leurs services. Ils sont rémunérés à la commission et finalement c'est vous qui payez. Votre marge de négociation est réduite	✓
19	Ma mère n'apprécierait pas celle-ci : il ne faut pas mentir quand on négocie mais personne ne vous oblige à toujours dire la vérité	✓
20	Il est très mal vu en Chine de ne pas acheter un produit après de longues minutes de négociation et d'accord sur le prix. Si vous ne souhaitez plus acheter après le début des négociations, arrêtez-les avant de conclure un accord sur le prix	✓
21	Au cours des négociations, le vendeur vous proposera parfois un autre bien qui est supposé être de meilleure qualité et donc plus cher. Ne cédez pas car il s'agit très souvent d'un bien équivalent ou même de qualité inférieure	✓

> Mon objectif de est de fournir à tous (particuliers, touristes, businessman, spécialistes de la négociation ou non), les clés pour négocier plus efficacement avec les Chinois.

CONCLUSION

Plus qu'un simple livre supplémentaire sur la négociation, **Comment réussir vos négociations & développer vos business avec les chinois** est un véritable guide. Il contient les meilleurs secrets, conseils et connaissances clés pour votre réussite sur ce marché en pleine expansion. Que vous soyez représentant d'entreprise, entrepreneur en commerce électronique ou touriste, vous trouverez en Chine un marché attrayant avec toutes sortes de biens et de services à des prix très intéressants. Grâce à ses prix très compétitifs, à sa main-d'œuvre qualifiée et compétente et à la mise en œuvre de certaines règles de l'**OMC**, le marché chinois devient de plus en plus accessible et essentiel pour le reste du monde.

Ce livre contient les clés dont vous avez besoin pour réussir vos négociations en Chine. Ne laissez pas passer votre tour. Les sujets abordés ici ont été soigneusement sélectionnés pour que vous maximisiez toujours vos chances de réussite dans toute négociation. Bien entendu, faire des affaires en Chine n'est pas une tâche facile, comme nous l'avons vu. Elle exige de solides compétences dans divers domaines et une bonne connaissance de certaines particularités de la culture chinoise. Si vous faites déjà des affaires en Chine, ou si vous envisagez de le faire, il est impératif que vous soyez à l'aise avec certaines compétences spécifiques en matière de négociation. Cela vous permettra d'économiser votre temps et votre argent tout en vous donnant la possibilité de maximiser vos profits.

Malgré les garanties données dans ce livre, la question de la confiance reste centrale lorsqu'il s'agit de faire des affaires avec les Chinois. Ils ne sont pas comme nous, leur culture est très éloignée de la nôtre, ils ne négocient pas comme nous et ils se méfient d'abord des étrangers. Comment puis-je leur faire confiance ? C'est probablement la question que vous vous posez en ce moment. Elle est légitime et je la comprends. Mais je ne pense pas que ce soit la question à poser à ce stade, car tout comme il n'y a pas d'affaires sans risque, il n'y a pas d'affaires sans confiance. Il faut avoir confiance ! La question de la confiance doit être abordée dans votre analyse des risques et des mesures doivent être prises pour réduire ce risque. Si vous voulez avoir une chance de réussir en Chine, vous ne devez absolument pas démarrer votre business là-bas en mettant l'accent sur la méfiance. Ne soyez pas naïf, mais faites-leur confiance et ils vous le rendront.

Si la méfiance et la suspicion sont vos principaux sentiments lorsque vous envisagez de faire des affaires en Chine, alors vous devriez retarder votre projet et vous donner le temps de réfléchir ou de chercher un autre pays. En Chine plus qu'ailleurs, avoir de tels sentiments négatifs revient à planifier votre échec. Pas de confiance, pas de succès. C'est aussi simple que cela. Rappelez-vous que l'analyse du style de négociation chinois a révélé qu'aucune entreprise ne peut réussir sans relations interpersonnelles positives, sans confiance et sans respect.

La confiance est au cœur du système. Elle est la graine du succès. Semez-la dans un bon sol, protégez-la des pièges de vos émotions négatives et de vos peurs. Vous aurez ainsi créé les conditions de votre succès. Bien sûr, vous aurez raison de vous méfier des pièges et des commerçants vicieux. Cependant, il vous appartient d'être vigilant et de garder vos émotions sous contrôle. C'est ainsi que vous pourrez rassurer le commerçant chinois et gagner sa confiance. Je ne dis pas qu'il faut agir naïvement. Tous les négociateurs chinois ne sont pas honnêtes et ouverts aux gains mutuels. En Chine aussi, il y a des loups déguisés en moutons et il y a de beaux parleurs. Méfiez-vous particulièrement de ces derniers ; comme le dit le proverbe : *« on n'attire pas les mouches avec du vinaigre »*. Ne cédez pas à la première offre que vous trouvez intéressante. Il y a peut-être une baleine sous le gravier, comme aime à le dire un de mes amis. Prenez le temps d'analyser, de comparer et bien sûr de négocier.

Un dicton attribué à Lao Tseu nous dit que *« quand l'élève est prêt, le professeur apparaît. Quand l'élève est vraiment prêt, le professeur disparaît ».* Je ne prétends pas être le professeur prêt à apparaître ou à disparaître. Cependant, je vous ai donné tout ce que j'ai recueilli à partir de mes expériences, de mes lectures et de mes discussions avec des hommes d'affaires prospères. Je ne fermerai pas ce livre sans vous souhaiter un excellent succès dans vos négociations et vos affaires. Faites-en bon usage.

Merci d'avoir pris le temps de lire ce livre sur la négociation et le business. Vous l'avez aimé ? Envoyez-moi vos commentaires et vos questions et je me ferai un plaisir de vous répondre.

Contact mail : m.noubissi@outlook.com

Copyright ©2021 Moïse Noubissi
Tous droits réservés

Bibliographie

Les suggestions de lecture ci-après sont classées par domaine et le titre est en *italique* lorsque l'ouvrage est en anglais.

Négociation

- Comment négocier avec les gens difficiles : de l'effondrement à la coopération, William Ury (2006), Ed Seuil.

- *Decoding China: Cross-cultural strategies for successful business with the Chinese*, Diego Gilardoni (2017).

- *Getting to yes - negotiating an agreement without giving in*, Roger Fisher & William Ury (2012), Random House business Book.

- *In business as in life, you don't get what deserve, you get what you negotiate*, Chester L. Karras (1996), Standford St. Press.

- L'art de la guerre, Sun Tzu, Independently published (2 juillet 2020).

- L'art de négocier avec la méthode de Harvard, Maurice A. Bercoff (2016), Ed Eyrolles.

- La boite à outils de la négociation, Patrice Stern & Jean Mouton, 2è Ed. Dunod (2014).

- La négociation d'influence, Julien Pélabère, Ed. Dunod (2020).

- Le guide visuel de la négociation : utiliser et contrer les techniques des meilleurs négociateurs, Alexis Kyprianou, Ed. Eyrolles (2016).

- Le kit du médiateur. Médias & Médiations, Gabrielle Planès & Dominique Weber (2017).

- Les 50 règles d'or de la négociation, Jean-Paul Guej (2012), Ed. Larousse.

- Mange ta soupe et… tais-toi – une autre approche des conflits parents-enfants, Michel Ghazal (2005), Editions du Seuil.

- Manuel du négociant français en Chine, ou commerce de la Chine considéré au point de vue français, Charles Louis Nicolas Maximilien de Montigny (2016), Ed Hachette.

- Les Miroirs de la négociation en Chine : voyage dans l'univers mental et social chinois, Marie-Chantal Piques (2001), Ed. Philippe Picquier.

- Négocier avec la Chine : un vrai casse-tête chinois, Alain LAM (2016), Ed. Univ Européenne.

- Négocier avec les Chinois : règles, techniques, témoignages. Philippe du Dresnay (2014), Ed Cevim.

- Négocier : les clés pour réussir, Jean-François Maubert (1990), Ed Dunod Entreprise.

- Réussir vos négociations en Chine. Marc Meynardi, Ed Afnor (2011).

- Saint-Germain ou la négociation, Francis Walder (2012). Edidtions Gallimard.

Stratégie

- L'art de la guerre, Sun Tzu, Nouvelle Imprimerie Laballery (2009 Chamecy, France).

- L'Effet de Comportement, Darren Hardy, Ed. Hachette 2020.
- Manipulation : 300 trucs et astuces pour obtenir tout ce que vous voulez, Gilles Azzopardi, Editions First (2013).
- Pré-suasion : le pouvoir de l'influence commence avant qu'on ait prononcé le premier mot, Robert Cialdini, Editions First (2017).

- *Rework*, Jason Fried & David Heinemeier Hansson, 1ère edition (2010).

Remerciements

Ce livre est en partie issu de la compilation de mes expériences internationales et notamment en Chine. Je remercie toutes celles et ceux qui, en m'accordant leur confiance, ont rendu tout ceci possible : mes employeurs, mes collègues, mes amis, ma jolie petite famille.

Mes remerciements vont également à,

- Juliette Joachim, mon inspiration. Merci pour ton amour, ta confiance et ton indéfectible soutien,

- A Qianqiang Chen, mon ami. Merci pour ta relecture, tes corrections et tous tes conseils relatifs aux éléments de la culture chinoise abordés dans ce livre,

- A Emmanu Kakmeni, mon frère. Merci pour la relecture,

- A Salima Haryouli, mon amie. Merci pour ta relecture, tes corrections et tes commentaires,

- A J-B Joachim, le fondateur Expatlang, French language school in Cannes, French Riviera, Nice, Marseille - Expatlang. Merci pour la relecture, tes commentaires.

Table des matières

PRÉFACE 2

SOMMAIRE 4

GLOSSAIRE 5

INTRODUCTION 6

Première partie. LA CHINE, SON MARCHÉ ET SES NÉGOCIATEURS 10

    Chapitre 1. Pourquoi la Chine ? 11

        1962 à 1997 : La Chine est absente du top10 11

        1998 : La Chine fait son entrée au top10 12

        2009 : La Chine se hisse à la 3ème place 13

        2012-2013 : La Chine devient le leader 14

    Chapitre 2. L'utilité de la représentation locale 20

        K1. Quel représentant local pour votre business ? 21

        K2. Comment tirer le meilleur de la représentation locale ? 23

            1. Assurer une meilleure gestion du processus de prospection et d'achat 23

            2. Réussir l'invitation à la négociation 26

        K3. Les services et responsabilités du représentant local 32

            1. Les exigences minimales 32

            2. Autres exigences et avantages 36

Deuxième partie. RÉUSSIR VOS NÉGOCIATIONS EN CHINE 40

    Chapitre 3. Le style de négociation chinois 41

        K4. Les essentiels du style chinois 42

            1. Le « Guanxi » ou les relations interpersonnelles 42

            2. Le « Renji Hexie » ou l'harmonie interpersonnelle 45

            3. Le « Shehui Dengji » ou le statut social 46

            4. Le « Mianzi » ou le capital social 48

            5. Le « Zhongjian Ren » ou l'intermédiaire 49

            6. Le « Zhengti Guannian » ou la pensée holistique 50

7. Le « Jiangjia » ou le marchandage 52
K5. La patience : « *time is money* » 54
K6. La notion de compromis en Chine 57
Chapitre 4. Les indispensables de la négociation 59
K7. Les préalables 60
    1. Vous 60
    2. Votre partenaire 61
    3. L'environnement juridique des affaires 62
K8. La stratégie gagnant-gagnant 63
K9. Autres astuces utiles 65
    1. La « zen-attitude » 66
    2. L'objectivité et le respect 69
Chapitre 5. Des protocoles culturels utiles 71
K10. Les 4P de la négociation 71
K11. Des indispensables 77
    1. A faire ou à éviter 77
    2. De la communication et des contacts 78
K12. Les commodités de la négociation 81
    1. Des dîners d'affaires et des cadeaux 82
    2. Des divertissements et du karaoké 83
K13. Des chiffres et des couleurs 86
Troisième partie. L'ACCÈS AUX MARCHÉS CHINOIS 88
Chapitre 6. Des modes et des stratégies d'accès 89
K14. Les modes (les plus) usuels 90
K15. Un préalable : l'étude de marché 93
K16. Un critère de choix : la localisation 95
K17. Une condition de réussite : le personnel local 96
K18. L'ultime vérification : la *due diligence* et les DPI 98
    1. La due diligence (diligence raisonnable) 98
    2. Vos droits de propriété intellectuelles (DPI) en Chine 99

Chapitre 7. La négociation des prix ... 101
   K19. Des tactiques efficaces ... 101
      1. Le timing ... 101
      2. L'exigence de prix détaillés ... 103
      3. La technique de modulation des quantités ... 104
      4. L'utilisation stratégique des termes de paiement ... 106
   K20. Autres stratégies simples et efficaces ... 107
      1. La négociation des prix en Chine : hérésie ou exigence ? ... 107
      2. Jamais sans MESORE ... 110
      3. Veiller sur votre QCD ... 111
Quatrième partie. DES INTERDITS ET DES ASTUCES ... 114
   Chapitre 8. Des erreurs et des conséquences ... 115
   K21. Tous vulnérables ... 115
      1. De l'impréparation ... 116
      2. Des malentendus culturels ... 118
      3. Des demandes et des spécifications floues ... 119
      4. De l'absence d'audits ... 120
      5. Des accords informels ... 120
   K22. Des échecs célèbres ... 121
      1. Nike ... 122
      2. Mercedes-Benz ... 123
   Chapitre 9. Check-list et Petits conseils ... 125
   K23. Une check-list pour rester en alerte ... 125
   K24. Les 21 petits conseils pour négocier comme un pro ... 126
CONCLUSION ... 129
Bibliographie ... 132
Remerciements ... 134

www.ingramcontent.com/pod-product-compliance
Lightning Source LLC
Chambersburg PA
CBHW070647220526
45466CB00001B/331